16歳からの交渉力

田村次朗──著
堀岡治男──構成

実務教育出版

はじめに

みなさんは、「交渉学」という言葉を聞いたことがありますか?

今から7年ほど前のことですが、『交渉人〜THE NEGOTIATOR〜』というテレビドラマがありました。「人質も犯人も殺さず、死なせずに事件を解決する」ことを信念とする主人公が、巧みな交渉で凶悪犯に立ち向かうというストーリーで、人気番組でした。

「交渉」とは、何らかの利害関係のある人々の間で行なわれる対話や議論のことです。しかし、国によって交渉の仕方は大きく異なります。
交渉学の大家であるロジャー・フィッシャー教授は、著書『ハーバード流交渉術』の日本語版序文の冒頭で、日米の交渉スタイルの違いについて次のように述べています。

我々アメリカ人は交渉に臨むときは、まるでカウボーイのように振舞うことがある。まず性急に合意を取りつけようとする。相手の言い分に耳を傾ける前から自分の結論を出している。自分こそ正しいと言い張る。……交渉は敵対者間の闘いと見られている。……一方、我々から見た日本人の交渉方法は、これとかなり異なっている。日本人の交渉者は、洗練された外交官のように振舞う。礼儀正しく、相手の言い分も丁寧に聞く。……交渉は友人同士の話し合いであるかのごとく運ばれ、あからさまな対決はなるべく避けようとする。

なぜ、私たちは交渉するのでしょうか? それは、お互いに受け入れることができる魅力的な条件を導き出して、合意するためです。交渉によって、お互いが利得を得るような関係(win-winの関係)を成立させることができれば、それは創造的な問題解決と言えます。

そのような交渉を行なうためには、それなりの能力が必要になります。それが「交渉力」です。交渉力とは、相手を理解する力であり、相手を説得する力であり、相手のニーズや目標などを効果的に聞き出す力です。交渉力を身につけることができれば、日々の生活や学校での友人関係はもちろんのこと、ビジネスでも大いに役立つことでしょう。

そして、交渉と交渉力を論理的に実証し、研究する学問が「交渉学」です。古代ギリシャの時代から、教育の原点にはリベラルアーツ(教養)があるとされてきました。知識を学ぶと同時に、論理思考や対話・議論の技法を学ぶことが重要だということであり、知識の取得と対話があってはじめて教養教育が実を結ぶということです。その意味で、交渉学は新

*R・フィッシャー、W・ユーリー『ハーバード流交渉術』金山宣夫・浅井和子訳、三笠書房、1990年、3頁。

しい教養と言えるのです。

本書では、交渉学の初歩をストーリー仕立てでわかりやすく解説しています。

主人公の大輝・翔太・美咲は、幼なじみの間柄。16歳になった3人はそれぞれ部活や進路問題など悩みを抱え、いろいろと相談し合っています。

あるきっかけで3人はT教授と出会い、交渉学に接することになります。その橋渡しをするのが、翔太の姉の桃子と、桃子のボーイフレンドでT教授のゼミ生の大林君です。

大輝

翔太

美咲

T教授

３人はT教授から、次のような交渉スタイルを学びます。

第一に、論理的に交渉すること。
ちょっと難しいように思うかもしれませんが、相手の「論理」を読み取り、それを自分の「論理」と重ね合わせて、双方が納得できるような「論理」に持って行くことです。

第二に、効果的で効率的な事前準備を行なうこと。
交渉前に事前準備に取り組むかどうかで、交渉が成功するかどうかが決まると言っても過言ではありません。何の準備もせずに交渉の場に臨むのは、練習せずにスポーツの試合に臨むようなもので愚かなことです。

第三に、問題の創造的解決（win-win交渉）を目指すこと。
交渉の場で相手と問題を共有するように努めることができれば、一緒に問題を解決しようという機運が生まれます。交渉相手とチームプレイで解決しようとする姿勢で、相手にとっても自分にとってもハッピーな解決方法を模索する。そうすれば、交渉によって新しい価値を生み出すことができるようになるはずです。

さて、３人はそれぞれの問題を創造的に解決することができるのでしょうか。

16歳からの
交渉力

目次

第1章

悩み多き16歳

第2章

「交渉」失敗

第3章

「交渉学」とは何だろうか

第4章

「交渉学」の核心

イラスト
ナカオ☆テッペイ
デザイン
木庭貴信（オクターヴ）

第1章

悩み多き16歳

大輝、レギュラーを外される?

大輝は無性に腹が立っていた。
事もあろうに、T高校との練習試合で負けてしまったのだ。
T高校は毎年何十人もの東大合格者を出す進学校。サッカー部員はわずか13人しかいない。しかも、そのほとんどがサッカー歴1年足らずの弱小チームだった。
監督同士が知り合いということで実現したこの試合で、大輝のF高校はベストメンバーで臨んだ。相手に敬意を表してのことだった。当然、大勝すると誰もが思っていた。しかし、ふたを開けてみると、勝ったのはT高

校だった。
相手を見くびっていたわけではないが、F高校の選手たちの動きは緩慢《かんまん》だった。FW《フォワード》の大輝は10本以上のシュートを放ったが、ことごとくゴールポストに邪魔された。しかも、味方ＤＦ《ディフェンダー》がバックパスしたボールをＧＫ《ゴールキーパー》が蹴りそこねた。ボールはコロコロと転がって自陣ゴールに吸い込まれた。オウンゴールだった。
強豪校相手に1点を先制して歓喜したT高校の選手たちは全員で必死に守り抜き、キーパーは神がかり的なセーブを見せた。
まさにあり得ないことが重なった結果の敗戦だったが、あまりにもひどい負け方だった。試合が終わって、大輝たちは何が起きたのかわからなかった。唯一の救いは、これが練習試合だったことだった。

大輝が所属するF高校サッカー部は部員100名を超え、中学の有望な選手が入学してくる高校サッカーの強豪校。毎年、県大会の予選ではベスト4以上に進んでいる。10年ほど前までは全国大会出場の常連校だったが、ここ数年はあと一歩のところで出場を逃している。チーム全員が、今年こそは全国大会に進みたいと考えていた。
現在2年生の大輝は、1年生の頃からFWのレギュラー。大学のサッカー部からも注目されている。自他共に認めるエース、のはずだった。

大輝が本格的にサッカーを始めたのは、小学4年生の時。中村俊輔選手や中田英寿選手などが海外で活躍していた頃だった。

大輝の父は鹿児島で生まれ、小学5年生の時にサッカーと出会った。中学、高校、そして一浪して入学した東京のC大学ではセンターバックでキャプテンを務めた。と言っても、所属したチームはいずれも弱小で、試合ができるだけの部員を集め、練習グランドを確保するのがキャプテンの主な仕事だった。
口にこそ出さなかったが、彼はサッカー選手になりたいという自らの夢を息子に託していた。大輝が歩き始めた頃からサッカーボールで一緒に遊び、物心つく頃にはほとんど毎週末、サッカー場に連れて行った。そして、大輝が小学校4年生になった時、近所のサッカークラブに入団させた。
それからの大輝はサッカー漬けの毎日だった。サッカー選手としては小柄だが、もともと足が速く俊敏な動きで相手ディフェンスの裏をとることがうまい大輝は、めきめきと頭角を現した。中学、高校もサッカー推薦で入学。大学でもサッカー部で活躍したいと考えている。

さて、話を今日の試合に戻そう。
敗因は、明らかにディフェンス陣にあった。それは監督も理解しているし、チーム全員もわかっている。もちろん1点でもとっていれば負けることはなかったし、当たり前のように2点以上とることができたはずの試合だった。
失点はGKのミス。誰にでもミスはあるので、大輝は試合中に批判したりしなかったが、試合後のミーティングではディフェンスへの注意を促す発言をした。

その翌日のことだった。
いつものように練習が終わった後、鈴木君から「ちょっと話がある」と声をかけられた。鈴木君は、中学から一緒にサッカーをやってきた仲間だ。ポジションはセンターバックだが、彼よりも上手《うま》い選手がいるために、サブメンバーに甘んじている。しかし、監督はその人柄と練習熱心さを見込んで、今年の4月から彼を新キャプテンに指名した。

いつも相手の目をしっかり見ながら話す鈴木君だが、今日に限って下を向きながら言った。
「監督からの伝言なんだけど、次の試合で大輝はベンチだって……」
「マジで……」と言って大輝は鈴木君の顔を見た。
鈴木君はすまなそうな顔で大輝を見返した。
「じゃー、先発は誰なの?」と聞く大輝に、鈴木君は「本田…」と答えた。
1年生の本田君は大輝よりも背が高い。ドリブルがうまく、球際《たまぎわ》の強さも抜きん出ている。昨年の全国中学校サッカー大会で活躍し、Jリーグのスカウトからも注目されている1人だと言われている。人柄も温厚で、50人以上いる1年生をうまくまとめていて、来年のキャプテン候補でもある。しかも大輝のことを尊敬している。本田君はかわいい後輩だった。

大輝は顔を上げて空を見た。それは、何かを決意した時に行なう癖だっ

た。鈴木君には、大輝が戸惑っていることが痛いようにわかった。
「でも、監督はなんで直接オレに言わないんだろう?」
「そうじゃないんだ。監督とのミーティングの時、次の試合で大輝をベンチスタートにするという話をしながらボクの顔を見てうなずいたんだ。大輝と仲が良いことをよく知っているから、きっとボクから話せ、という意味だろうと思ったわけ」
大輝の思いを察して鈴木君はそう答えた。
「うーん」と唸ってから一呼吸置いて大輝は、「わかった。監督に自分の考えを話すよ」と言った。
「それがいい」
鈴木君は、もっと何か言おうとしたが、やめた。今何を言っても、大輝の頭の中は「なんで自分がベンチスタートなんだ!?」ということでいっぱいだということがわかったからだ。

大輝は「監督と話をする」とは言ったものの、何を話せばいいのか、どう話せばいいのか、皆目見当がつかなかった。これまでのサッカー人生で、年上の選手からレギュラーの座を奪うことはあっても、年下の選手にレギュラーを奪われるなんてなかったからだ。

確かに、大輝はこのところ少し調子を落としている。それは認めよう。でも、これまでチームの勝利に大きく貢献してきた。監督はそれを評価してくれなかったのだろうか。本田君のドリブルテクニックは抜群で、「和製メッシ」だと誰かが言っていた。さすがにそれは褒めすぎだと思うが、そんな本田君を監督が高く評価していることもわかっていた。しかし、昨日の試合では途中出場した本田君はほとんど活躍できなかった。

やっぱり自分のほうがまだまだ上だ。そもそも実績が違う。自分をベンチスタートさせるなんて間違っている!

大輝は誰かにそう話して、「その通りだよ」と認めてもらいたかった。

翔太、「オーバーコート自由化」を勝ち取る!

「今、ひま?」
大輝は、美咲と翔太にLINEした。
「ひま」
2人からはすぐに返事があった。
「愚痴っていい?」
「いいよ」
サッカー部のレギュラーを外されるかもしれない、という大輝に対して、翔太が聞いた。
「詰んだ?」
「かもしれない」と大輝。
続けて、「明日、ひま? 会わね?」と聞いた。
「10時、新宿のいつもの店で」
「オケ」
「りょう」
こんな会話が続いて、3人は翌日に新宿で落ち合うことになった。

日曜日の朝10時、大輝・美咲・翔太は行きつけの新宿のファストフード店にいた。家が近所だった3人は、幼稚園以来の仲良しだ。美咲は中学に入る頃、横浜に引っ越し、名門私立女子中学に合格した。大輝は千葉に引っ越して、サッカーの強い中学に入学した。地元に残った翔太は、近くの中高一貫私立中学に入学した。

現在はそれぞれ違う高校に進学しているものの、LINEで常につながっていたし、何かあるたびに頻繁に3人で会っていた。

大輝は、美咲と翔太にサッカー部での出来事を詳しく話した。弱小チームに屈辱的な敗北を喫したこと、敗因はディフェンス陣のケアレスミスだったこと、次の試合はベンチスタートらしいこと……。そして、美咲と翔太の顔を見ながら、監督と話し合いをしたいと思っていることを告げた。

「監督と2人だけで話すの?」と美咲は聞いた。

「モチ」と答える大輝。

「監督に直談判するわけね。そっかー。でも、相手が大人だとやりにくいよね」

美咲は同情した。実は、美咲も父親と話し合いをしなければならない事情を抱えていた。

2人のやり取りを聞いた翔太は、

「直談判というと大げさだけど、要は監督と交渉するってことだよね」

と言った。翔太はあえて「交渉」という言葉を使った。

「そうだとすれば、やり方はあると思うよ。オレ、学校と交渉して、うまくいった経験があるから……」

翔太は自信ありげに言った。

翔太は、AO入試での大学進学を目指している。そのために通っている進学塾の担当者から、高校でリーダー的役割を果たしていたほうがいいというアドバイスを受け、生徒会活動に参加することにした。当初は生徒会長を目指そうとしたが、美咲と大輝に相談したら「柄ではない」と言われ、会長を断念した。そして副会長に立候補し、見事当選。
副会長になって初めての仕事が、「オーバーコート自由化」のための学校側との交渉だった。翔太が通う高校は中高一貫の男女共学で、服装や身なりに関する校則がとりわけ厳しかった。女子の場合は、茶髪はもちろん禁止で、髪の毛の長さからスカート丈・靴下の履き方まで厳しく決められていた。男子も長髪禁止、襟足の長さ、靴下は黒、シャツの色は白…とすべて決められていた。
まさに時代錯誤的な規則を重んじているZ高校では、かねてからもう少し自由な服装を認めてほしいという要求が生徒側から出ていた。
しかし、学校側はそれを突き放した。
「君たちは、わが校にこのような校則があることを知って入学している。保護者の方もそれをよしとして、わが校への入学を認めてくれたはずだ。だから、交渉の余地はない」
学校側の言い分は正しかった。厳しい校則があることを承知の上で入学しているわけだから、それを守るのは義務だと言われてしまえば、反論できない。歴代の生徒会も、その校則がいかに今の時代にふさわしくないかを説明したが、「ルールがある以上、それに従うのは当然」と一蹴されてきた。
実際、厳しい校則があるためか、少子化の時代にあってZ中・高校への入学志願者はむしろ増えていた。だから、学校側もこと服装と身なりに関しては譲歩する気配はまったくなかった。
しかし、翔太が副会長を務めている生徒会は、学校側とオーバーコートについて交渉して、一定の成果を勝ち得たのである。その経緯は以下のようなことだった。

高度成長期の1960年代に創立されたZ中・高校は、勉学と運動の両立を掲げ、質実剛健を校風とする男子校としてスタートした。創立当初は、いわゆる「団塊の世代」の入学時期に当たって入学希望者は多く、毎年、入学定員の3倍以上の志願者が集まった。その後も順調に歴史を重ね、10年ほど前から女子定員枠を設けて男女共学の中学受験難関校として評価が定着している。
開校以来、校則厳守をモットーとし、男女共学になって以降、校則はさらに強化された。女の子を持つ親としてみれば、そのほうが安心だった。
Z中・高校が指定するオーバーコートは、創立当初から変わらず、ウール100%で素材は良いが、かなり重かった。高学年になっても着ることができるよう、中学1年生の親は大きめのコートを買う。そのため、真冬になると、まるでコートが歩いているように見える中学生の姿が目立った。
また、学校指定の業者が一手に販売していて、値段も高かった。その年頃の生徒の身体の成長は早く、入学時に少々大きめのサイズを買っても、15〜16歳になる頃には、ほとんどの親はもう一度コートを買い直さなければならなかった。
そして何よりも、いかにも昔ながらの制服といった趣の濃紺の古くさいデザインで、はっきり言って恰好よくはなかった。オーバーコートは、「重い」「高い」「ダサい」という3拍子揃った代物だったのである。

さて、翔太たちの生徒会は、この学校指定のオーバーコートを廃止して、生徒が自由にコートを選べるようにしたいと思っていた。それは、代々の生徒会からの申し送り事項でもあった。幸い、今年は他に重要な協議事項も見当たらなかったので、生徒会はこのオーバーコート問題の解決に全力を尽くそうと考えた。
まず、全校生徒にアンケート調査を行なった。生徒会がアンケート項目を作って、それぞれのクラス単位で実施した調査結果は、9割以上が

「コート自由化」を求めるものだった。

しかし、生徒会はそのアンケート結果だけで学校側を説得できるとは思っていなかった。そこで、翔太の発案で、保護者の意見も聞くことにした。さすがに保護者全員のアンケートをとるのは大変なので、生徒会やクラス委員など50人近くの親の意見をまとめることにした。学校の言うとおりにすべきだという意見もいくつかあったが、正当なものであれば学校に対して要求するのもいいのではないか、という意見のほうが圧倒的に多かった。親としてみれば、卒業後はまず着ないコートを買わなくてもよくなるという期待もあったのだろう。

生徒会はさらに慎重を期した。学校側の意見を事前に聞いたわけではなかったが、これまでの経緯を考えると、どんなコートでもいいという「完全自由化」の要求を学校側が認めるとは思えなかった。
そこで、完全自由化を要求するのはやめて、「色は紺か黒で派手でないものにする」「自分で着たいコートの写真を学校に提出して事前許可を得る」など、いわば自主規制色を強めた形の「自由化」を要求することにした。

学校側との「交渉」の場で、翔太を含む生徒会メンバーは極度に緊張していた。準備万端怠りないと思っていたものの、交渉はかなり難航するだろうと予想していた。そこで「交渉」が始まると、まず、なぜ自由化してほしいのかを説明し、学校側に口を挟まれないよう間髪入れずに生徒会案を読み上げた。
意外にも、学校側はこの要求をあっさりと認めた。あまりにもあっけない幕切れだった。生徒会は一瞬狐につままれたのではないかと思ったが、それが交渉結果だった。生徒会は輝かしい勝利を勝ち取った、と思った。

翔太が「交渉」という言葉を出したのは、しっかりと準備をし、それなりの提案をして、学校が自分たちの要求を認めてくれた、という経験があったからだった。

確かに、交渉において経験は重要な要素である。一般に、経験を積めばそれなりに自分の交渉スタイルができる。しかし、過去の「経験」がたまたま成功したものだったとしたらどうだろうか。その成功体験に固執して、同じスタイルで交渉しても、おそらく上手な交渉はできないだろう。

交渉にとって重要なのは経験よりもロジック（論理）である。交渉のロジックを勉強すれば、もっと上手な交渉ができるようになる。しかし、そのこと

を翔太が理解できるようになるのは、もう少し後のことになる。

話を元に戻そう。
翔太は大輝に、学校側との交渉での成功体験を事細かに話した。そして、それなりの準備をして、理路整然と要求すれば大人もわかってくれるはずだ、と言った。
しかし、美咲は半信半疑だった。美咲は自らの進路について父親と対峙しなければならない。自分の考えを理路整然と話したところで、あの父がそれを認めてくれるとは考えられなかった。

昼時になり、混雑してきたので3人は店を出た。
その日の午後、それぞれが用事を抱えていた。日曜日だというのに、今どきの高校生は何かと忙しかった。

翔太、「小遣い値上げ交渉」に挑む

父親と一緒にサッカーシューズを見に行くという大輝と店の前で別れて、美咲と翔太は新宿駅に向かった。

アベノミクス以来、確かに景気はよくなっている。新宿の駅前あたりは人で溢れかえっていた。円安の効果もあってか、急激に増えている外国人観光客の姿も目立った。生まれてこの方、景気が悪いという話はあっても、景気がいいなんて話をほとんど聞いたことがなかった2人にとって、初めて経験するような賑わいだった。

雑踏の中を、人をかき分けて歩きながら翔太は美咲に聞いた。

「美咲は、小遣いいくらもらってるの?」

「なんでそんなこと聞くの? おごってあげないよ」

「そうじゃなくて、今、高校生の小遣いがどのくらいなのか、調べてるんだ」

「ふーん。親と小遣い交渉でもするの?」

そう聞かれて、翔太は美咲のカンのよさに舌を巻いた。

「あったりー。そのためにはいろいろ調べなくちゃと思って、みんなに聞いてるんだ」

翔太の父親は公立中学校の教員。姉の桃子は公立中学から私立高校へと進学し、今は私立のW大学に通っている。桃子の大学の授業料、翔太の高校の学費と塾代は家計にとって大きな負担だった。母親は近くの洋品店でパートをしていた。
「翔太はいくらもらってるの?」
美咲からそう聞かれて、翔太は答えた。
「3000円。でも、いろいろ調べてみると、高校生の小遣いは平均7000円ということがわかったんだ」
「スマホ代はどうしているの?」
「基本料金は親持ちだけど、無料通信分を超過した分については自腹」
「翔太はバイトしてないよね。それで足りるんだ」
美咲に聞いているつもりが、いつの間にか立場が逆転している。
翔太は少しイラついて言い返した。
「足りないから、交渉しようと思ってるんだよ!」
今どきの高校生のほとんどはスマホを持っている。平成26年度に総務省が全国22の公立・私立高校に通う高校1年生(約3700名)を対象に行なったアンケート調査によれば、「スマートフォン保有者は全体の88.1%」だった。つまり、100人に88人はスマホを持っていることになる。
そう自慢げに話しながら、翔太は続けた。
「今やスマホの時代で、インターネット接続だって、その8割がスマホなんだよ。だから大学では情報系の学部でプログラミングを勉強して、新しいスマホアプリを開発し、起業してリッチになるんだ」

翔太は、親から「必要以上に、スマホをいじっている」と言われても、ほとんど意に介さなかった。しかし、無料通信分以内に抑えるのは至難の業で、その月の小遣い全部をはたいても足りない時は1度や2度ではなかった。その都度《つど》、親に叱られた。

「そのためにスマホを自由に使いたい。でも、今の小遣いではそれができない。だから値上げしてほしい、ってことね。単純ね」

美咲からそう言われて、翔太は返す言葉がなかった。

美咲の小遣いの額を聞き出すこともできなかったが、「高校生の小遣い額」についてのデータはネット上に溢れているので、さほど問題ではなかった。
「オーバーコート自由化交渉」の時と同じように、十分な準備をして、小遣いをいくらにしてほしいか、その金額を提示すれば、「交渉」はうまくいくだろう。翔太はそう思った。

美咲、進路問題に悩む

横浜へ向かう電車の中は、さほど混雑していなかった。座席はすべて埋まっていたが、数人がつり革につかまり、各ドア近くにそれぞれ1人、2人いるだけだった。
よく見ると、立っている人も座っている人も、ほとんどが片手でスマホを操作しながら画面を眺めていた。新聞や本を読んでいる人は、1車両の中に数人いるかいないかだった。電車の中で、右手にスマホ、左手に小型タブレットを持って操作している女性がいた、という嘘のようなホントの話を誰かから聞いたこともあった。

美咲は考えていた。
大輝は生まれて初めて挫折を味わっているのかもしれない。監督との交渉はうまくいくだろうか。翔太が言うように、先生や親と交渉する時には、事前に準備をして相手が受け入れられそうな提案をすれば、うまい交渉ができるのだろうか。それだけでうまくいくとは、とうてい思えなかった。
美咲は、中高一貫の有名私学女子高に通っている。勉強好きというほどではなかったが、小学校の頃から成績はよく、中学・高校とも全体評定平均値は4.8。極めて優秀だった。

美咲は進路問題で悩んでいた。母親の実家は、祖父の代から埼玉県S市で小さな医院を開業していた。現在は美咲の叔父が医院を継いでいるが、叔父夫婦には子供がいなかった。叔父は、自分の代で医院を終わりにしてもいいと考えていた。母もそれで仕方がないと思っていた。
美咲の父親はある大手商社の部長職にあり、同期入社組の出世頭だった。いずれ取締役になるだろうと目されていた。そんなサラリーマンである父は、美咲が医学部に進むことを期待していた。
なぜか。話は少々複雑になる。

美咲の父の実家は、北陸の地方都市の商店街で小さな洋品店を営んでいた。高度成長が終わる頃から、地元商店街は次第にシャッター通りに変わっていった。両親は朝早くから夜遅くまで働いていたが、生活は楽ではなかった。
美咲の父は子供の頃、野球に熱中し、プロ野球選手になるのが夢だった。高校である先生に出会ったことから、東京の大学で勉強したいと思うようになった。猛勉強して志望校に現役合格した。家からの仕送りは期待できなかったので、奨学金を得てアルバイトで生活費を稼いだ。
美咲の母とは大学で知り合い、恋に落ちた。大学を卒業して2人は結婚した。後からわかったことだったが、彼女の両親は娘を医者と結婚させたいと考えていた。反対を押し切るようにして結婚した2人は、実家に対して申し訳ないという気持ちが残った。
美咲の父は、大学の医学部に再入学しようかとも考えた。高校時代の受験勉強で得た知識とテクニックを使って医学部向けに勉強し直せば、合格する自信もあった。しかし、そうしなかった。自分が医者に向いているとは思えなかったからだった。
そもそも、血を見るのが苦手だった。一人前の大人としてそんなことは他人には言えないが、美咲の母だけは気づいていた。同じ屋根の下で一緒に暮らしているのだから、当たり前だった。

美咲の叔父が医院を継いだことで、美咲の両親は肩の荷が下りたような思いだった。しかし、叔父夫婦には子供ができなかった。体力が続かなくなったら医院をやめることも考えているようだった。
美咲の父は、再びある種の罪悪感にさいなまれるようになった。大学を卒業して以来、商社でずっと忙しい日々を過ごしているので、今さら医者になるための勉強をするなんて考えられなかった。
父親の目から見て、美咲はやさしく、しかも優秀な子だった。小さい頃は、母親と一緒に祖父の医院によく出かけ、祖父母からとても可愛がられ、看護婦さんたちとも仲良く遊んだ。祖父母とも他界してしまったが、「私、おじいちゃんみたいなお医者さんになる」と言って2人を喜ばせたという。そんなことから、もし美咲が医学部に入ってくれれば、亡くなった祖父母も喜んでくれるのではないか、と美咲の父は考えていた。
美咲には、少し年の離れた小学6年生の妹が1人いる。背丈はすでに美咲よりも高く、「お姉ちゃん、これあげる」と言って、自分が着ていたパーカーを美咲にあげようとするような生意気盛りだ。そんな妹を父は可愛がっていたが、医者に向いているとは思えなかった。

美咲にとって父親は少々煙たい存在だった。小さい頃、一緒に遊んだ記憶があまりなかった。幼稚園から小学校にかけて、父は仕事の関係で海外に単身赴任していた。家族4人で海外生活するという選択肢もあったが、そうはしなかった。美咲にとって、一緒に遊びたい時に近くにいなかった父は、時折《ときおり》家にやってくる“おじさん”のような存在だった。
年齢があがるにつれ、美咲はどんどん父親のことが苦手になっていった。嫌いというわけではなかったが、どこか他人のような気がしていた。そんな彼女の気持ちを察してか、父も他人行儀なところがあった。父が美咲に小言を言うようなことはなかったし、そもそも美咲は手がかからな

い子供だった。
しかし、大学への進路についてだけは別だった。
「国立大学でも私立大学でもいいから医学部に入ってほしい」
父はそう希望しているようだったが、美咲にとってはただ命令されているように思えた。美咲にはそれがなんとなく釈然としなかった。

美咲の夢は「ケーキ屋さん」になることだった。もっとも、あまりにも子供っぽいと笑われそうなので、誰にも言ったことはなかった。実際、幼稚園に通う女の子の「なりたい職業」ベスト3は、「幼稚園の先生、お母さん、ケーキ屋さん」で、今も昔も変わっていない。
「医者とケーキ屋さんではあまりにも違いすぎる」と美咲は思っている。

そもそも、美咲は血を見るのが嫌いだった。幼稚園に通っていた妹が腕にケガをして病院に行った時、母と一緒に手術室に入って医者が傷口を縫っているのを見て、美咲は気を失ってしまった。

「私は絶対医者に向いていない」

美咲はそう思った。

第2章

「交渉」失敗

美咲、進路問題を父親と相談する

その晩、美咲は家族と一緒に夕食のテーブルを囲んでいた。
小さい頃、朝食は家族揃ってとっていた。それがいつの頃からか朝食時間はバラバラになった。美咲の父は子供たちが何を考えているのかが次第にわからなくなっていた。
今では、月1回、家族揃ってとる夕食が唯一のコミュニケーションの場となっていた。

「パパ、ビール飲む?」
美咲が聞くと、父は少し驚いたような顔で言った。
「いいね」
「ママにもグラスをちょうだい」
食事の間、話題の中心はもっぱら妹だった。アイドルグループの誰がどうしたとか、クラスの○○ちゃんが誰を好きだとか、たわいもない話が続いた。

食事が終わる頃に、美咲が切り出した。
「進路のことなんだけど……」
場の雰囲気が一転した。
妹は「ごちそうさま」と言って部屋に戻って行った。
「まだ少し先だけど、文系にするか理系にするか、決めなくちゃいけないんだ」
美咲は、まずは当たり障りのない話から入ることにした。いきなり「医学部には行かないよ」なんて言おうものなら、父は「そんなこと許さん」と怒りかねないからだった。
美咲の気持ちを計りかねて、父は「美咲は、どうしたい?」と聞いた。
「とりあえず、理系にしようかと思うんだけど」
最近、理系の大学に進学する女子（リケジョ）が増えていると言われている。
「いいと思うよ」
美咲の父もそれには賛成だった。
「どの大学を受験するか、まだ決めてないけど、一応は理系に行くことにするね」
「それがいい」

問題は、その先だった。
美咲は農学部を志望しようと思っていた。最近では、女子の志望者も増えている。根拠はほとんどないが、大学を出てケーキ屋さんになるためには農学部に行くのが近道ではないか、と美咲は漠然と考えていた。
以前、田舎に行って素足で田んぼに入った時、美咲はどこか懐かしさを感じたことがあった。幼稚園の頃、田植え前の田んぼで泥だらけになりながら遊んだ思い出がよみがえった。「泥の中って、意外に温かいんだね」と友達が言ったのを思い出した。
泥にまみれて田植えを行ない、腰を折って田んぼに入って草取りをする。それは大変な作業だったが、日本人としてのDNAがそれを求めていると美咲は感じていた。
にわか勉強の乏しい知識ながらも、バイオテクノロジーや発酵学など、農学の未来は大きく開けている、と美咲は思っていた。
そして、「例えば、の話だけど」と前置きし、
「今、農学に興味があるんだ」、と母の顔を見ながら言った。
「おもしろそうね」と母は答えた。
父は「えっ」と驚いたような顔をした。
美咲はその表情を見逃さなかった。そして「あー、やっぱり」と思った。「ちょっと難しそうだけど、医学部も狙ってみようかな」という言葉を父が期待していたことがはっきりわかったからだった。
「なぜ農学部なの?」と父は聞いた。
美咲はうまく答えることができなかった。今まで漠然と考えていたことを口にしてみただけなので、当然のことだった。
「医学部に進学するという選択肢はないの?」
父からそう聞かれて、美咲の表情はこわばっていった。

2人のやりとりを聞いていた母は、「なるほど、美咲が医学部にね。それもいいかもしれない」と思った。
美咲は黙り込んでしまった。

美咲の父は、日本社会が女性の労働力をうまく使い切れていないことを実感していた。みんな口では女性の地位向上が望ましいと言っているが、企業の現実は女性にとって極めて不利だった。それを知っているからこそ、美咲には男性と対等に仕事ができる職業を選んでほしいと考えていた。医者はそれにふさわしい職業だった。
しかも、叔父の医院という受け皿も用意されている。美咲が医者になれば、今は亡き祖父母もきっと喜んでくれるだろう。
「興味本位で進路を選択するものではない」
美咲の父は、少し声を荒げて言った。
美咲は何も答えなかった。というより、答えることができなかった。しかし、納得もしていなかった。
何も答えない美咲に父も苛立ちを募らせた。
美咲の母が口を挟んだ。
「パパ、そんなに強く言わなくてもいいでしょ。美咲だって、よくわかっているんだから。もう少し考える時間をあげたら」
美咲は、ホッとして母親の顔を見てうなずいた。
会話は、そこで終わった。

その夜、美咲の両親がとった言動は、交渉学でいう「グッドコップ・バッドコップ（Good Cop Bad Cop）」戦術*と同じようなものだった。父（＝バッドコップ）が敵対的な態度を示し、母（＝グッドコップ）が同情的な態度を示すことによって、美咲を揺さぶることになったからである。美咲の両親は、事前に口裏を合わせるようなことはしていなかった。しかし、2人の会話を聞いていた母親は、「美咲を医者にするのもいいかもしれない」と考え始めた。だから、2人の会話に入り込んだ。その結果として「グッドコップ・バッドコップ戦術」になったということである。

[グッドコップ・バッドコップ戦術]

「グッドコップ・バッドコップ（Good Cop Bad Cop）」戦術とは、二人一組になり、1人（バッドコップ＝悪い警官）が相手に敵対的な態度を示し、もう1人（グッドコップ＝良い警官）が同情的な態度を示すことで相手を揺さぶるという交渉のテクニックで、かなり有効な結果が期待される戦術である。

人は強く批判されると不安になる。相手が怒ると何か理由があるのではないかと考えてしまう。そのような人間の心理的経験則（ヒューリスティクス）を「グッドコップ-バッドコップ戦術」は巧みに利用する。交渉の主導権は常に相手に握られて、結局のところ相手の言いなりの結果になってしまう。ビジネス交渉の場でも、時折使われる「交渉戦術」である。

翔太、「小遣い値上げ交渉」に失敗

同じ頃、翔太は父親と「小遣い値上げ」をめぐる交渉をしていた。

「データを示し、自分の主張の正当性を示すことができれば、うまくいくはずだ」。学校側から「オーバーコート自由化」を勝ち取った翔太は、そう思っていた。

今の小遣いの額では、スマホも自由に使えないし、友達とスタバに行くこともできない。高校生の平均の小遣い額は7000円で、自分（3000円）とは4000円も開きがある。せめて2500円アップして、月額5500円にしてほしい！　——翔太はそう説明した。

しかし、翔太は話をしながら、父親の表情が険しくなっていくのがわかった。

小遣い値上げを要求する理由を理路整然と話し、その根拠となるデータを集め、無理のない妥当な金額を要求した、と翔太は思っていた。だから、交渉の末、500円削られて5000円になるなら、それで手を打とうとも考えていた。

「ダメだ」

その一言が父の回答だった。

「なんで……？」

口をとがらせて不満顔の翔太に対して、父は次のように言った。

「まず、高校生の小遣い額が平均7000円という数字だが、だからといってお前の小遣いが7000円であっていいというわけではないことくらいわかるだろう。わが家は貧しいわけではないが、豊かでもない。しかし、そういう中でも教育にはカネを惜しまないという方針を貫いてきた。翔太と桃子の学費の合計はわが家の家計の３割以上を占めている。生活苦とは言わないが、少々厳しいところもある。だから、お母さんはパートに出ている。さらに、お前は塾に通っている。ある調査によれば、高校生の通塾率は公立高校で34%、私立高校で37%。つまり、塾や予備校に通っている高校生は３人に１人に過ぎない。通塾者の年間の塾代は40万〜100万円と言われ、翔太の通っている塾は最高額の授業料がかかることで知られているが、それも許している。そして何よりも、お前は自分の都合しか話していない。小遣いの値上げを言うのであれば、今の小遣いをどう使っているのか、何に使いたいから足りないのかという説明があって然《しか》るべきだ。そもそも小遣い帳をつけているのか?」

そう畳みかける父に、翔太は答えるすべを持っていなかった。

父親はさらに続けた。

「小遣い値上げを要求する前に、自分で何ができるのかを考えるのが当然だろう。何かをしてほしい、と一方的に要求するのではなく、何ができるか、を考えることは小学生だってできる」

父は手厳しかった。翔太はグーの音も出なかった。

実は、翔太が5500円という数字を出したことは、交渉学でいう「アンカリング」*という戦術にあたるが、翔太はそんなことは知る由もなかった。

さらに、追い打ちをかけるように父親は言った。

「お前は学校でオーバーコート自由化を勝ち取った、と思っているようだが、それは大きな間違いだ」

「どういうこと?」

翔太はびっくりして、聞いた。

中学校の教員には、公立・私立を問わずさまざまな学校の話題が情報として入ってくる。先日、翔太の父親が勤務する中学で、ある高校の生徒会が「オーバーコート自由化」を要求し、学校側が全面的にそれを認めたという話題でもちきりになった。

郵便はがき

料金受取人払郵便

新宿局承認

6051

差出有効期間
平成29年8月
31日まで

1638791

999

(受取人)
日本郵便 新宿郵便局
郵便私書箱第330号

(株)実務教育出版

愛読者係行

フリガナ お名前			年齢 歳 性別 男・女
ご住所	〒 電話 ( ) 自宅・勤務先 電子メール・アドレス ( )		
ご職業	1.会社員 2.経営者 3.公務員 4.教員・研究者 5.コンサルタント 6.学生 7.主婦 8.自由業 9.自営業 10.その他 ( )		
勤務先・学校名		所属(役職)または学年	

この読者カードは、当社出版物の企画の参考にさせていただくものであり、その目的以外には使用いたしません。

【書名】16 歳からの交渉力

◎ご購読いただき、誠にありがとうございます。
◎お手数ですが、ぜひ以下のアンケートにお答えください。

…… 該当する項目を○で囲んでください ……

◎本書へのご感想をお聞かせください

· 内容について	a.とても良い	b.良い	c.普通	d.良くない
· わかりやすさについて	a.とても良い	b.良い	c.普通	d.良くない
· 装幀について	a.とても良い	b.良い	c.普通	d.良くない
· 定価について	a.高い	b.ちょうどいい	c.安い	
· 本の形について	a.厚い	b.ちょうどいい	c.薄い	
	a.大きい	b.ちょうどいい	c.小さい	

◎本書へのご意見をお聞かせください

◎お買い上げ日／書店をお教えください

年　月　日／　市区町村　書店

◎お買い求めの動機をお教えください

1.新聞広告で見て　2.雑誌広告で見て　3.店頭で見て　4.人からすすめられて
5.図書目録を見て　6.書評を見て　7.セミナー · 研修で　8.DMで
9.その他（　）

◎本書以外で、最近お読みになった本をお教えください

◎今後、どんな出版をご希望ですか（著者、テーマなど）

◎ご協力ありがとうございました。

[アンカリング]

「アンカリング」戦術とは、交渉のはじめに具体的な要求や数字を提示すること。その要求や数字が基準(アンカー:錨)になって、その後の交渉の論点が、それを認めるかどうかに移ってしまい、勝ったか負けたかという、安易な交渉になってしまうことが多い。例えば、ビジネス交渉で、相手から「15%以上安くしてくれないと合意は難しい」と言われて、「それは厳しいので10%引きで何とか……」と答えてしまえば、まさにアンカリングに引っかかってしまったことになる。交渉の初期段階ではアンカリングに引っかかりやすいので注意が必要である。

翔太が通うZ高校のことだったので、父親は興味を持って聞いたところ、その話にはオチがあった。実は、かねてから「オーバーコート自由化」の話が出ていて、学校側としても全面的に認める方向で検討に入っていたということだった。

ところが、生徒会からの要求は「コートの色を特定する」「事前に許可を得る」など、かなり自主規制色の強いものだった。学校側はそれに驚いたが、もっと自由にしてもいいとあえて言うこともないので、生徒側の要求を全面的に認めた、ということだった。

「マジで……」

翔太は絶句した。
生徒会は勝利したと信じていたが、自由化の程度を狭めたという意味ではむしろ交渉は失敗だった。

翔太たちは、「交渉でいかに勝つかが大切だ」と考えていた。そこで、駆け引きにこだわるという落とし穴にはまってしまった。明らかに学校側のほうが強いと思われたので、最初からできるだけ譲歩して合意することを目指したのだった。
しかし、それは「交渉」とは言えない。相手の主張をよく聞き、お互いの満足を最大化しようと交渉をもちかけることによって、初めて信頼関係が醸成される。それが「交渉学」の基本であり、双方の利益を最大化し、結果として「win-win」になる。
そもそも翔太たちは、交渉をする上で最も肝心なことを見落としていた。学校側が何を考えているのかを聞くという、当たり前のことを怠ったのである。
一般に、日本人は相手に質問しないケースが多い。相手から思いもかけない答えが返ってきて身動きがとれなくなったら困る、こんな質問をしたら相手に迷惑がかかるのではないか、などと考えたりするからだとも言われる。
しかし、相手が何を考えているかわからなければ、創造的な解決策は生まれない。交渉の途中で生まれる疑問を放置してはいけない。むしろ、意識的に相手に質問をする習慣をつけることが重要である。

交渉はコミュニケーションであり、相手から教えてもらうという姿勢で、コミュニケーションの中に気の利いた質問を入れていくことが重要である。問題解決に有益な情報が、相手側にあることも少なくない。上手に質問をして、相手に少しでも多く話させることができれば、創造的な問題解決の可能性が高まる。
「聞き上手は交渉上手」なのである。

大輝、監督に一方的要求

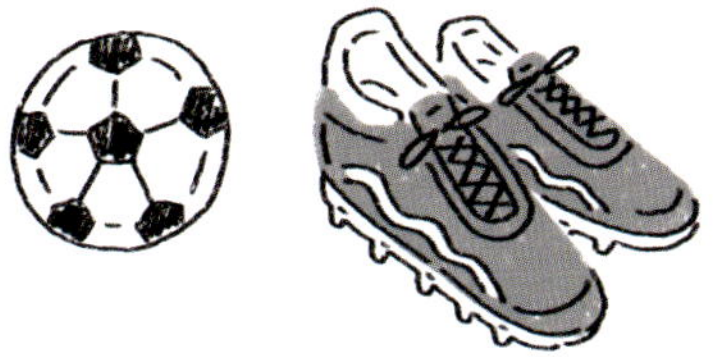

翌日、サッカー部の部室で、大輝は監督と対峙していた。
大輝は自分の思いのすべてを監督にぶつけてみようと心に決めていた。率直な気持ちを冷静に話せば、監督もわかってくれるに違いない。そうなれば、先発を外すという考えを撤回してくれるかもしれない、といういくばくかの希望を胸に秘めて……。
「やあ、大輝。話って何だい?」
監督はいつもと変わらぬ表情で聞いた。
「はい。鈴木から聞いたんですが、次の試合で自分は先発メンバーから外れるって……」

大輝はできるだけ平静を装おうとした。両手のこぶしは固く握りしめられ、唇はかすかにふるえていた。感情が高ぶっていることを監督に見破られまいとしたが、興奮していることは傍目《はため》からも明らかだった。冷静になろうとすればするほど、感情を抑え込むことができなくなっていくのがわかった。

「あー、そのことか」

監督は平然と言った。

大輝は頭に血が上るのを感じた。

「なんで、ベンチスタートなんですか? 監督は自分よりも本田のほうが上だと思っているんですか?」

「そんなことはない」

「じゃあ、なんで先発が本田なんですか?」

「それは……」

説明しようとする監督の言葉を遮《さえぎ》って、大輝は自らの思いを語った。入部して以来、これまで多くの試合で自分のシュートでチームを勝利に導いてきたこと、試合中にチームメートに声をかけてチームをまとめてきたこと、さらに毎日懸命に練習していること、本田君を含めて後輩の面倒をよく見るようにしていること、などなど……。

そして、ベンチスタートという結論を出す前に、本田君と勝負させてほしいと監督に直訴した。

「勝負する、ってどうやって?」

「先発メンバーを決めるためのミニゲームをさせてほしいということです」

大輝は監督の目を見据えて答えた。

監督の思いは大輝にまったく伝わっていなかった。

F高校サッカー部にとって、大輝は別格の存在だった。大輝が優秀な選手であることは監督はじめみんなが認めていたし、大輝がいないチームなど考えられなかった。

同時に、チーム全員が大輝に頼り切っていることは明らかだった。チームの歯車がうまく回っている時には、それが好結果をもたらすが、歯車が少し狂い出すと、チームとして機能しなくなる。それが、先日の格下相手の練習試合で負けた理由だ、と監督は分析していた。
次の試合は、全国大会地区予選の初戦だった。対戦相手は明らかに格下だ。しかし、勝負は時の運とも言われるので大輝を先発させずに勝てる保証はない。大輝抜きで戦うことは、チームにとって大きな賭けだった。監督は、いわば背水の陣を敷こうとしていたのである。そういう試練を与えることによって、このチームは一回り大きくなる。そうすることで、念願の全国大会出場を果たすことができるはずだ、と監督は確信していた。
しかし、大輝は「先発を外される」ことだけにこだわった。監督がなぜ大輝を先発から外そうとしたのか、その理由を考えようとはしなかった。
大輝は、自分が正論を述べていると思って疑わなかった。実際、大輝の言っていることはすべて事実だった。しかし、いくら正論を言っても交渉がうまくまとまるわけではない。自分の論理があると同時に、相手の論理もある。それがわかってこそ、よい交渉ができる。「交渉」とは、相手があって初めて成立するものだからである。

監督は大輝に真摯に対応していたが、実際の交渉では不愉快な交渉相手も少なくない。例えば、責任は明白なのに言い訳に終始する人、約束したことを守らない人、批判と非難だけに終始して建設的な解決策を拒否する人、などなど。
交渉学では、このような相手に直面した時、その態度を改めさせようとしてはいけないし、批判してもほとんど無意味だと教えている。そういう相手の態度は無視して、交渉しなければならないのである。

交渉の場で、大輝のように感情的になってしまった場合はどうしたらいいのだろうか。その場合、感情を無理に抑え込もうとせずに、そうなっている自己を認識するようにすべきだと教えている。

人は誰でも、冷静さを失って感情的になることはある。そんな時、その感情を抑え込んで、なんとか冷静に対処しなければならないと考えると、逆に感情は荒れ狂ってしまうものである。感情を抑えるのは不自然で、そもそも不可能なのである。だから、自らの感情を抑圧しないことにする。

もし、感情を抑え込もうとすると、心の中に別の感情が膨れ上がってくる。「別の感情」とは、例えば相手に対する批判や悪い評価のことである。つまり、「あの人は性格が悪い」「私のことを無能だと思っている」などの相手に対する悪い印象や不快感によって、人は自らの感情を抑えようとしがちになる。

そのような思考構造から抜け出して冷静に問題に対処するためには、自らが感情的になっていることを自己認識することが重要である。自分が感情的になっていることを認め、それを否定せずに「交渉相手が無理な要求をしてくるので、不快な思いをしている」と素直に認めてみる。そうすると、自らの感情を相対化できる。

感情の自己認識を怠ると、感情から生まれた「印象」がやがて「確信」に変わり、最終的には「偏見」になる。「こんな無理な要求をする相手は、卑《いや》しい人間に違いない!」と決めつけることになる。感情を自己認識するよりも、自分の中に生まれた偏見を自己認識することのほうが数段難しい。自分の感情を認識することで、感情による負の側面を克服することができる。

話を、監督と大輝の「交渉」に戻そう。
大輝は監督を心から尊敬していた。今回の話し合いがどのような結果になろうとも、それは変わらないと思っていた。大輝は監督にもっと認めてもらいたかった。が、監督はすでに十分に大輝を認めていた。
大輝は言いたいことをすべて吐き出したおかげで、少し落ち着きを取り戻した。人の話を聞いてもいい、という心の余裕が出てきたように見えた。
そこで監督は、大輝に言った。
「今年は必ず全国大会に出よう」
大輝は一瞬驚いたような顔をした。
「そのためには、何が必要だろうか?」
監督の問いかけに、大輝は一瞬考えて、答えた。
「地区予選で勝つこと」
「そう。そのためには何が必要だと思う?」
「自分が得点すること」
「確かにその通りだけれど、もう1つあると思う」
大輝は怪訝《けげん》な顔で監督を見た。
「それはね、大輝を含むすべてのメンバーが一丸となって戦うことだ。本田も確かにうまくなっているが、まだ大輝を脅かす存在にはなっていない。アイツは大輝に頼り切っている。地区予選は必ず勝たなければならない。大輝が先発出場しなければ、他のメンバーは自分たちの力で勝利を勝ち取らなければならない。みんな勝ちたいと思っているし、今のチームにはそれができる力がある。全員が一致団結して戦うチームになれば、もっと強くなる。大輝ももっと活躍できる。大輝を先発出場させずに、大事な初戦を戦うことは大きなリスクがあることは認める。しかし、そこで勝利を収めることができれば、今年のチーム力は数段階アップする。そして、地区予選を勝ち抜いて、必ず全国大会に出ることができる。私はそう確信している。」

そうだったのか、と大輝は思った。

「それに、大輝にとっても、一回ぐらいベンチの中からゲームの流れを見てみるのもいいと思うが…」

監督はそう付け加えた。

確かにその通りだった。大局的な観点からゲームの流れを見極める能力も、サッカー選手にとっては重要なことだった。

大輝は納得した。そして、監督の話を聞こうともせずに「自分が先発を外されるのは、本田のほうが優れていると監督が考えているからだ」と勝手に思い込んで、ここ数日間悩み抜いた自分の愚かさを反省した。

「よくわかりました。今日は申し訳ありませんでした」

大輝は監督に自らの非礼と思慮のなさを素直に詫びた。今日の監督との話し合いで、大輝は自分がひと回り大きくなったような気がした。

第3章

「交渉学」とは何だろうか

T教授に「交渉学」を学ぶ

父親との小遣い交渉に失敗したことも、大輝や美咲が監督や親との話し合いで悩んでいることも、翔太はすべて姉の桃子に打ち明けていた。物心ついて以降、翔太にとって桃子はよき理解者だった。

翔太から相談を受けた桃子は、即座に「これは大林君マターだ」と思った。大林君はK大法学部生で、ゼミでは「交渉学」を学んでいる。W大生としては、ライバル校のK大生に頼みごとをするのは少々気が引けたが、翔太のためには一肌脱がざるを得ない、と思った。
大林君からはすぐに返事があった。近々、K大のオープンキャンパスで「交渉学」の模擬授業があるので行ってみたら、とのこと。桃子はすぐに翔太に伝え、翔太は大輝と美咲に連絡をした。

6月のある日曜日の午後、翔太は大輝、美咲、桃子とT駅改札口で待ち合わせてK大学キャンパスに向かった。駅前ロータリーから、ラーメン屋などの飲食店がひしめく狭い小路を抜け、国道1号を渡って少し歩いた右手にK大学の正門がある。

3人が左手にある守衛所に目をやると、1人の守衛さんが軽く会釈をした。正門を抜けて階段を上がると、目の前が開けた。右手に図書館、その奥の正面右手には古びた建物が見える。桜や欅《けやき》の大木に囲まれているキャンパスにはアカデミックな雰囲気が漂っていた。「意外に狭いな」と翔太は思った。大輝と美咲も同感だった。「私の大学はもっと広いわよ」と桃子が勝ち誇ったようにつぶやいた。

模擬講義が行なわれる411教室は、高校生と保護者でほぼ満席だった。T教授が登壇し、ざわついていた教室が一瞬静まり返った。事務担当者が一連の注意事項を簡単に説明した後、T教授の模擬授業が始まった。

授業❶ リーダーシップと交渉力

みなさん、こんにちは。土曜日にわざわざお集りいただきありがとうございます。今日はたくさんの方々に来ていただき、私も大変緊張しています。これから約90分、みなさんに「交渉学」についてご紹介したいと思います。

この授業は「リーダーシップと交渉力」というタイトルですが、なぜ「交渉力」と「リーダーシップ」が一緒になるのかよくわからないかもしれません。

交渉学の授業はハーバード大学で50年も前から始められ、今では世界の多くの一流大学で教えられている科目になっています。しかし、残念なことに、みなさんが目指している日本の大学では、このような授業はほとんど行なわれていません。日本と世界の温度差は極めて大きいということです。

今から30数年も前のことですが、私はハーバード大学に留学した時に「交渉学」の授業を受けました。まさに目から鱗《うろこ》で、「ああ、こういうのが

教育なんだ」と思って感銘を受けたことを、今でも鮮明に覚えています。しかし、それから30数年経った今、日本の大学で教えられているかというと、私と仲間が細々とやっているというのが現実です。もちろん、私以外にも何人かの先生がいらっしゃいますが、もっともっと交渉学の大切さを伝えていくことが必要なのではないかと思っています。

さて、この「リーダーシップと交渉力」という言葉を2つに分けて考えてみましょう。「リーダーシップ」というのは何となくわかると思います。もちろん、「わかる」といっても極めて曖昧で、リーダーになるために何を勉強すればいいのかと聞かれても、明確に答えることは難しいかもしれません。

でも、それはわかったとして、「交渉力」とは何でしょうか?

実は、「交渉力」はリーダーシップの基本中の基本なんです。

なぜだかわかりますか?

T教授は教室をぐるりと見回して、そう聞いた。

翔太は自分が問いかけられているような気がした。しかし、何と答えていいのかわからなかった。

誰も手を上げないことを確認してから、T教授は話を続けた。

なぜか。それは、リーダーは最終的に大切な意思決定をしなければいけないからです。しかも、独断的ではなく、多くの意見を採り入れた上で意思決定をしなければならないんです。例えば、アメリカの偉大な大統

領と言われているケネディ大統領は、ネゴシエーション(交渉学)などの基礎を学んだからこそ、リーダーとして素晴らしい決断ができたとも言われています。

でも、「なんで、交渉学を勉強して、それがリーダーとしての決断につながるんだろう」って思いませんか?

一言で言うと、ポイントは「多様性」ということです。多くの人の意見を採り入れて、良い決断をするためには、多くの人と交渉する必要があります。アメリカは人種の坩堝《るつぼ》と言われるように、実に多様性に満ちていて、世界中の人種に会えると言われるくらい多様な民族で構成されている国家です。

そういう国で、リーダーはどのように決断すべきか。一部の選ばれた白人の意見だけで政策を決めたのでは、前に進むことはできません。

先日起きた、白人警官による黒人殺害事件など、解決できない問題が山積みです。そういう国で、リーダーは問題解決しなければならない。どうすればいいのか。それは、多くの人の意見を採り入れながら、全部理解して、その上で最終的に意思決定する。しかも、そのプロセスがみんなによく理解できるようにしなければいけない。だから、「交渉力」と「リーダーシップ」は密接につながっているということになるわけです。

授業❷ ケース・スタディ

T教授から指示を受けて、5〜6人の大学生がいっせいに1枚の紙を配り始めた。

堅い話はそれくらいにして、みなさんにちょっと考えていただきたいことがあります。
お手元に1枚紙を配っています。今の話だけではどういうことなのかさっぱり見当がつかないという顔をしている人もいるので、もう少し身近なことで「交渉」についてイメージしていただくためです。
大学やビジネススクールに入ると、こういうケース(実はもっと長いものですが)を読んでから、いろいろな議論をする授業を経験することになるかもしれません。今日はその簡略版だと思って、このケースを5分間で読んでください。ケースを読んで、自分はどのように答えるかを考えてみてください。
なお、みなさんに配ったケースには線を引いてもかまいませんが、授業後に回収しますのでメモをとりたい人は他の紙に書いておいてください。

教室内が静まりかえり、やがてあちこちでカリカリと鉛筆で何かをメモする音がし始めた。

Case 1　ある野球部での出来事

あなたは高校3年生。野球部のエースで4番。小学校1年生から野球に夢中になり、4年生からエースで4番としてチームを引っ張ってきた。大学に進学しても、野球部に入って活躍したいと思っている。
あなたの高校の野球部はいわゆる弱小チームで、あなた1人が頑張っていたが、練習試合では勝ったり負けたりを繰り返している。夏の全国高校野球大会の地区予選では3回戦まで進むのがやっとで、今年のチーム目標は地区予選でベスト8に残ること。残念ながら、全国大会出場は夢のまた夢という状態である。
高校1年生の時からすべての試合を1人で投げ抜いてきたあなたは、この夏の大会まですべての試合でエースで4番でいたいと思っている。全試合を1人で投げ抜くことはあなたの美学であり、高校生活でそれを成し遂げて、志望大学のAO入試を受けたいと考えている。

そして数日前のこと。全国大会予選を控えた練習試合で、あなたの調子が今ひとつだったことと守備の乱れが重なって、さほど強豪でもないチームに10対0でコールド負けを喫してしまった。
これまでの多くの試合では調子が悪い時もあったが、守備陣に助けられたりして、それなりに凌《しの》いできた。しかし、その練習試合では、チームの悪い面ばかりが重なってしまった。ピッチャーとしては、相手バッターに面白いようにヒットを打たれた。4番バッターとしては、1つのフォアボールを選び、1本のヒットを打って出塁したが、いずれも後続が凡退して得点できなかった。あなたはナインを鼓舞し、何回か円陣を組んで志気を上げようとしたが、最後まですべてが空回りしてしまった。

そして昨日、中学から一緒に野球をやってきた親友であり、今はキャプテンをしている佐々木君から「ちょっと2人で話がしたい」と誘われ、こう言われた。

「次の試合は、お前は控えに回ってくれないか。先発は1年生の大谷に任せたいと思うから」

1年生の大谷君は、本格派左腕であなたの次のエース候補と言われている。しかし、ブルペンでもコントロールが定まらず、まだ試合に出られるようなところまではいっていない、というのが一般的な評価だった。それが、ここ数日の練習では見違えるようによくなっている。それを見て、あなたもそれなりの危機感を持ち始めていた。

あと数試合をこれまでと同じように先発完投できれば、高校生活の全試合をエースで4番として出場するという、「あなたにとっての快挙」を成し遂げることができる。

しかし、佐々木君の発言はそれを無にするものであり、とうてい受け入れることはできない。

あなたは佐々木君と、この後どのような話し合いをすべきだろうか?

大輝は「ケース」を読んで驚いた。野球とサッカーの違いはあったが、自分がつい最近経験したこととほぼ同じような内容だった。翔太と美咲も大輝の顔を見てうなずいた。教室内がざわざわし始めた。隣の友人と議論を始めた高校生もいる。

T教授の授業が再開された。

はい、みなさん、一通り読み終えましたか?

ではここで、ディスカッションしたいと思います。

これについてどのように考えますか?

誰も手を挙げなかった。大輝も、見知らぬ人が大勢いる中で、自分の体験を言葉に出すことなどできなかった。

T教授は続けた。

そうですよね。手を挙げる準備をしている人がいるかもしれませんが、こんな大きな教室でいきなり手を挙げて答えなさい、と言われても無理というものですね。

でも、ひょっとしたらみなさんは、「正解は何だろう」と考えていませんか？はっきり言って、この質問には「正解」はありません。いくら一所懸命に考えても、正しい1つの答えなど見つけ出すことはできません。高校までの授業では、ほとんどの問題には正解があり、それがわかった人は手を挙げて答えることができるかもしれませんが、社会で起きる多くの問題には正解はないのが普通なんです。

それじゃあ、何のためにこんなことをするのかと言えば、より良い方法をみんなで考えるためです。このケースと似たような問題は、みなさんが所属している部活でも起きているかもしれません。そういう時にどうしたらいいのか、より良い問題解決の方法はないのか、みんなで議論しようということです。

このケースでは、あなたは、一番言われたくないことをキャプテンの佐々木君から言われました。まったく納得がいかない、というのはその通りだと思います。自分はこんなに頑張っているし、投球内容だって、大谷君とはまだまだ格段に違うという、自負がありますよね。

あなたは佐々木君とどんな話し合いをすべきでしょうか？

数人の生徒が手を挙げた。

T教授は「おお、すばらしい!」と驚き、「では、何人かに聞いてみたいと思います。まず、そこのあなた」と言って指名した。生徒にマイクが回された。

「私が思うに、キャプテンの佐々木君は部長か監督に言われて、大谷君の成長に期待して、2年後に全国大会に出場できるようなチーム作りをしたいと考えるようになったのではないでしょうか。母校が甲子園に出場すれば、生徒や卒業生みんなにとってよいことなので、『あなた』は我慢して佐々木君の意見を受け入れるべきだと思います」

なるほど。

君は今「大谷君の成長に期待して」と言いましたが、それはどこでわかりますか?

「親友の佐々木君は『あなた』が全試合を先発完投したいと考えていることを知っているはずで、その彼がそこまで言うというのは、何らかの状況変化というか、誰かがそういったのではないかと推測しました」

なかなか考えましたね。

じゃあ、もう1人聞いてみましょう。

「ボクの考えはまったく逆で、全試合完投したいという気持ちが周りに十分にわかってもらえていなかったことが問題だと思います。だから、佐々木君だって、おかしなことを言うようになったわけで、もっと声を大にして自分の考えをみんなに伝える努力をしなければいけないし、話し合うということよりも、自分の気持ちをわかってもらえるようにすることのほうが重要だと考えます」

おもしろい意見ですね。

他には?

意を決したように、大輝が「はい」と大きな声を出して手を挙げた。周りの高校生が大輝を見た。
「そこのあなた」と、T教授が大輝を指した。

「自分はサッカー部に所属していますが、同じようなことがありました。それでわかったんですが、こういう状況の時には大谷君を先発させる理由をまず聞いたほうがいいと思います。たぶん佐々木君にもそれなりの理由があってそう言ったんだろうと思うからです。その上で、練習試合でチームが負けたことを主観的ではなく客観的に2人で考えて、次の試合も自分が先発したいっていう意思を佐々木君に伝えて、どうするかを決めたほうがいいと思います」

すばらしい答えですね。いい感じです。ありがとうございます。
ちょうどうまい具合に、三者三様の答えを出していただきました。繰り返しますが、みなさん、ただ1つの絶対的正解なんてありません。
でも、よりよくする方法はないかと考えたときに、誰の立場に立って考えるかによって、いろいろな意見があると思います。
今日は時間の関係で講義中心で、交渉学の最も重要な部分である模擬交渉はできません。また、模擬交渉を行なう場合には、ケース1枚を全員に配るのではなく、「あなた」を仮にT君としますが、T君と佐々木君はそれぞれ違った内容のケースを持って「交渉」することになります。つまり、それぞれが相手の知らない思いを抱きながら、出会って交渉をするわけです。

授業❸ 「交渉学」とは何か

そろそろ本題に入ります。
「交渉学」とは何でしょうか。
私はハーバード大学でフィッシャー教授の「交渉学」の授業を受けました。交渉学の創始者であるフィッシャー先生はある日、私たち学生に次のように問いかけました。
「みなさんは何のためにロースクールに来ているのですか? 知識を深めるための勉強はしているかもしれないけれども、どのようにしたら価値創造的な問題解決ができるかを議論したことがありますか?」

フィッシャー先生の問いかけに対して、アメリカ人の学生たちがどう思ったのかはよくわかりません。しかし、日本で生まれ育った私は、法律は知識こそ重要と思っていたので、本当に驚きました。法律家は「六法」をよく知っていて、その知識を語っていればいい。一般の人よりも法律をよく知っている弁護士は、それでサービスを提供したことになる——そういう考え方が完全に打ち砕かれたのです。

弁護士や法律家の大切な役割の1つは「交渉」を通じて問題を解決することであり、それによって弁護士や法律家の価値も高まるということを、私はフィッシャー先生から学びました。

ただ、日本で「交渉」というと、すぐにビジネス交渉をイメージしがちです。また、海外の怪しげなバザールで土産物の値段交渉をするとかね……。でも、そうではなく、「交渉」を通じて問題解決をするというのがポイントなんです。だから、「Negotiation」(交渉)の授業は、ハーバード・ロースクールで一番人気の授業だったのです。

ところで、フィッシャー先生は、『*Getting to Yes*』*という本を書かれています。これまでに何度も改訂されて、世界中で読まれている有名な本です。もちろん日本語にも訳されていますが、「ハーバード流交渉術」とい

*Roger Fisher, William Ury, *Getting to Yes: Negotiating an agreement without giving in*, Random House Business; New edition, 2012.

うタイトルになっています。日本では「ハーバード」の名前がつくだけで売れゆきがよくなるのかもしれませんが、「交渉術」というタイトルは原題のニュアンスが正確には伝わりません。交渉“術”というと、なんだか駆け引きでどうやって相手を騙すか、みたいな話にとられてしまうからです。ハーバード大学の授業は、交渉のロジックを教えている「交渉学」です。

原題の『*Getting to Yes*』は、とても素敵なタイトルだということがわかりますか? 「Yes」に到達するための方法、あるいは、どうやったらYesに達するか、という意味ですね。つまり、Yesに持っていくための方法をお互いに考えよう、ということで、win-win交渉という言葉の原型になっています。

フィッシャー先生はカリスマ的存在の方で、世界のさまざまな問題に直面していたリーダーの方々にも進言していました。余談ですが、そういう人って、とても威厳があって、近づきがたい存在のように思われがちですが、そんなことはまったくありませんでした。交渉のプロフェッショナルは、実は、とても優しく、アプローチしやすく、人のことを気遣ってくれたのです。まさに、相互理解という言葉にふさわしいすばらしい人格者でした。

さて、17世紀のフランス貴族フランソワ・ド・ラ・ロシュフコーは、「われわれは、自分と同じ意見の人以外は、ほとんど誰のことも良識ある人とは思わない」*という有名な格言を残しています。自分の意見に同意してくれる人はいい人だと思うけれども、反対するような人はダメな人だと思い込んでしまうものだ、ということです。

そういうことってよくありますよね。年上の人でも友達でも誰でも、自分が話をしている時に、自分の意見が否定されると腹が立つものです。日

*『ラ・ロシュフコー箴言集』二宮フサ訳、岩波書店、1989年、103頁。

本の社会は和の精神を重んじて「あー、そうだよね」と、だいたい肯定的に言ってくれるので、なんとなく場が和むことが多いのですが、仮に1人でもはっきりと違う意見を言う人がいると、その場が急にぎすぎすした雰囲気になってしまう。大人になると、そんな経験をすることもあります。

例えば、「これ、いいでしょ?」って言った時に、「いや、いいと思わない」なんて即座に反対されたらカチンとくる人は、実は自分の意見だけがいいと思っている。つまり、「自分の論理」しか考えていない。
そういう人は自分の論理だけで動いて、あれが気に入らない、あの人は

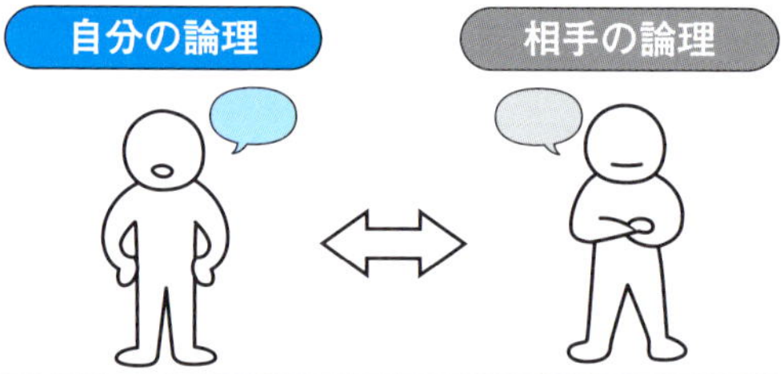

「われわれは、自分と同じ意見の人以外は、
ほとんど誰のことも良識ある人だとは思わない」
フランソワ・ド・ラ・ロシュフコー

ダメだと言うだけで、相手のことを考えていない。相手にも意見があること(「相手の論理」)を忘れているんです。

そもそも誰かと話をする時は、相手の意見は自分とは違うかもしれないと思ったほうがいい。そういうところから「交渉」が始まるんです。交渉では、相手の視点で物事を見て、相手の立場に立って異なる意見を調整することが重要です。

交渉は「対話」です。対話とは、お互いの議論を通じて双方が新しい価値と解決策を導き出すプロセスです。

交渉学で最も基本的で重要なキーワードは、「価値理解」です。「相互理解」と言ってもいいかもしれません。自分だけが正しいと思うのではなく、相手の論理を認め、自分の論理との接点を考えていくことで交渉するわけです。

もちろん、価値理解をしたからといって、それが譲歩を意味するわけではありません。フィッシャー先生が言うように、「価値理解をした上で、相手の提案に同意することもできるし、反対することもできる」*のです。

これが、交渉学の基本中の基本です。

*R・フィッシャー、D・シャピロ『新ハーバード流交渉術——感情をポジティブに活用する』
印南一路訳、講談社、2006年、59頁。

授業❹「論理的思考」と「二分法の罠」

では、相手の論理を認め、自分の論理との接点を考えていくような交渉をするためにはどうしたらいいのでしょうか?

そんなに難しいことではありません。相手が理解できるように論理的に考えて、客観的な結論を導き出すことです。あえて難しい言葉で言うと、「論理的思考《ロジカルシンキング》」を使うということです。

例えば、「①刑法199条(ルール)で殺人は死刑、または無期、もしくは5年以上の懲役に処すと規定されている。②Aは凶悪な殺人を犯した。③Aは死刑」というように考えることです。このように、ルール(①)を事実(②)に当てはめて結論(③)を導き出す、というプロセスをとる考え方を「演繹法」と言います。

また、複数の事実やデータを関連づけて、そこから共通項を導き、それを抽象化してルール(一般論)を導き出すという考え方もあります。例えば、「猫の赤ちゃんはかわいい」「犬の赤ちゃんはかわいい」「ライオンの赤ちゃんはかわいい」……というような事実から、「動物の赤ちゃんはかわいい」という結論を導くのです。このような考え方を「帰納法」と言います。

演繹法と帰納法には、それぞれメリットとデメリットがあります。演繹法は筋道立てて考えるという点では有効ですが、そもそもルールそのものが妥当かどうかという問題があります。一方、帰納法は相手にわかりやすい説明ができるというメリットはありますが、事実(データ)が少ないと

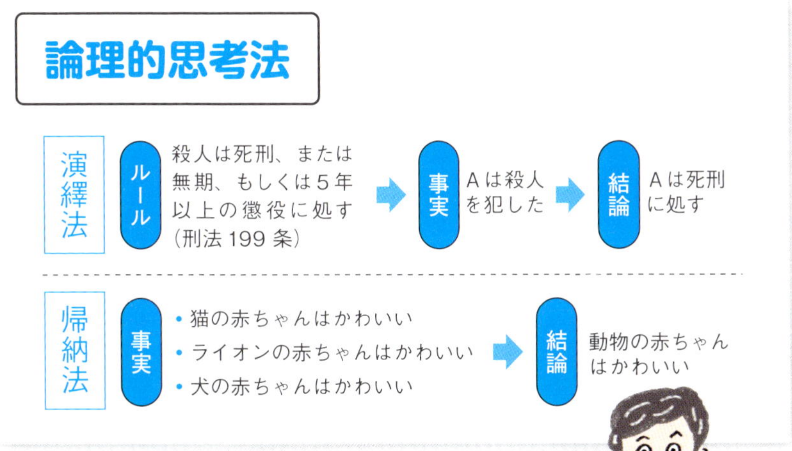
論理的思考法
演繹法
ルール
殺人は死刑、または無期、もしくは5年以上の懲役に処す（刑法199条）
事実
Aは殺人を犯した
結論
Aは死刑に処す
帰納法
事実
・猫の赤ちゃんはかわいい
・ライオンの赤ちゃんはかわいい
・犬の赤ちゃんはかわいい
結論
動物の赤ちゃんはかわいい

適切なルールを導くことができないという問題があります。

T教授は、「ところで」と言ってから一息おいて教室内を見渡し、「みなさんは、二分法の罠という言葉を聞いたことがありますか?」と聞き、ホワイトボードに大きな字で「二分法の罠」と書いた。

誰からも答えは返ってこなかった。T教授が後ろ向きで板書している間に、翔太はスマホを取り出してグーグルで「にぶんほうのわな」と検索した。「二分法の罠から抜け出す対処法」「二分法の罠の仕組みを図で解説してみる」などの項目が現れた。

「へぇー、けっこう知られていることなんだ」と翔太は思った。

T教授が向き直って話を続けた。

「二分法の罠」というのは、本来であれば多数の選択肢があるのに、「Aか、Bか?」というように二者択一で相手に選択を迫って、自分の都合のいい結論を得るという方法です。

交渉では、とかく議論が複雑になることが多いものです。そこで、「白か、黒か」「善か、悪か」「真か、偽か」というように物事を二者択一に分類して、相手にその他の選択肢がないと思わせる。相手は「どちらかを選ばねばならない」と思い込んで、結果的に自分に有利な結論を得ることができるのです。

例えば、友人とのランチで、相手が何を食べたいかわからないけれども、自分としては牛丼を食べたいと思った時、「マックにする、それとも松屋にする?」と聞く。選択肢は他にもあるにもかかわらず、友人はどちらかを答えなければいけないと思い込んでしまう。万が一、「マックがいい」という答えが返ってきたら、「この時間は混んでそうだよね」とか何とか言って、「松屋にしよう」と言えばいい。つまり、二分法の罠によって、あなたはランチ選択の主導権をある程度握ることができるというわけです。

ランチくらいならいいかもしれませんが、難しい交渉をしている時に、相手が「Aか、Bか」、あるいは「Yesか、Noか」と二者択一を迫ってきたら気をつけてください。あなたを二分法の罠にかけようとしているので、うっ

二分法の罠

多数の選択肢があるのに「AかBか？」「白か黒か？」というように二者択一で選択を迫られることで、結果的に問題解決から遠のくこと。

かり「A」とか「Yes」と即答しようものなら、相手の思う壺《つぼ》です。後は、相手の思惑通《おもわくどお》りに事が運んでしまう恐れがあります……。

美咲はノートをとりながらT教授の講義に聞き入っていた。何年か前に「郵政民営化は是か、非か」ということで総選挙が行なわれたと学校で習ったが、あれも二分法の罠だったのかな、と考えた。そういえば、「原発か、反原発か」というのもあるし、「好きか、嫌いか」だってそうだ。母親と一緒に買い物に行こうかどうか迷っている時に、「どうするの? 行くの? 行かないの?」ってよく言われるけれど、あれも二分法の罠なんだ。でもど

うして、みんなそんな簡単に二分法の罠にはまってしまうんだろう?
美咲が疑問に思っていることがわかったように、T教授は続けた。

では、なぜ人はみすみす二分法の罠にはまってしまうのでしょうか?
それなりの理由があります。
まず、とかく人間は、何が問題かについて十分に考えずに、単純化した選択肢に飛びつきやすいということです。
また、何が問題かがよくわからないので、思考停止して一般に言われている選択肢のどちらかを選ぶことで満足してしまう傾向があることです。
さらに言えば、「合意しない」ことのイメージが悪いことも大いに関係していると思います。例えば、交渉で合意すれば「成功」で、合意できなければ「失敗」という評価になるでしょう。交渉に合意できた担当者は優秀で、合意できなかった担当者は無能という評価が下されるかもしれません。合意に達すれば相手との人間関係は友好的になるのに対して、合意できなければ敵対的な関係になってしまうというイメージがあります。
合意することだけに着目してしまうことを、「合意バイアス」と言います。
これがあるので、「Aか、Bか」と聞かれれば、CやDやEといった選択肢も考えられるにもかかわらず、何とか合意しようと思ってAかBのどちらかを選択してしまうということです。
二分法の罠は極めて強力な仕掛けです。極端に言えば、今の世の中はほとんど二分法の論理展開で回っていて、私たちは無意識のうちに二分法の罠にはまっているとも考えられるでしょう。

T教授は、ここで教室をぐるりと見回した。

みなさん、心配そうな顔をされていますが、安心してください。二分法の罠から脱却するための秘策はあるのです。
第一に、相手が「Yesか、Noか」と聞いてきた時には、それ以外の答えもありうると考えるように訓練することです。「Yes」と「No」だけでは、相手の論理を認め、自分の論理との接点を考えていくような交渉はできないのです。

第二に、「Yes」と言ったらどうなるのか、「No」と言ったらどうなるのかシミュレーションすることです。つまり、「Yes」「No」、それぞれのメリットとデメリットを考えてみるのです。そうすれば、二分法の罠の危険性がわかってくるはずです。

第三に、「Why」と問いかけて相手の回答を聞くことです。「なぜ?」という質問に対して「そんなことも知らないのか!」と、いかにも不機嫌そうな顔をする人もいます。でも、そんな時でも馬鹿にされていると思って憤慨したり、不愉快になったりしてはいけません。「疑問は残したくないので、教えていただけませんか」と切り返せばいいんです。

授業❺「三方よし」と「賢明な合意」

交渉学における、もう1つのキーワードとして、「三方よし」という言葉があります。

みなさんは、日本人は交渉がうまくない、と思い込んでいませんか?

確かに、新聞やテレビでは外交にしてもビジネスにしても、日本政府あるいは日本企業の"交渉下手"なところばかりが報道されているような気がします。しかし、多くの外国人は、実は日本の交渉能力をかなり評価しています。

短期的に見ると、日本は国家間の交渉の場で十分な成果を出していな

三方よし
世間よし
自分よし
相手よし
イコール
賢明な合意
「当事者双方の要望を可能な限り満足させ、時間がたっても効力を失わず、また社会全体の利益を考慮に入れた解決」

いかもしれませんが、長期的に見ると、日本は世界から大きな信頼を勝ち得ているんです。国際的に見て日本の信用はかなり高いことはよく知られています。

交渉を左右するのは話術ではありません。信頼です。相手の信頼を勝ち取るために最大限の努力をする、それが"交渉上手"ということです。

対立的に見える交渉で、どちらかが勝ち、どちらかが負けるようなケースを「ゼロ・サム的解決」と言います。一方、交渉当事者双方がwin-winの関係になるようなケースを「プラス・サム的解決」と言い、これを「創造的な問題解決」と呼びます。この創造的な問題解決を行なうことができる「三方よし」という考え方が、日本人のDNAに組み込まれているんです。

三方よしとは、「売り手よし、買い手よし、世間よし」という近江商人の考え方だと言われています。明治期以前の日本は約70もの「国」(令制国)に分かれていました。それぞれの国の境を跨《また》いで商売をするのですから、他国の人々の信頼を得ることが何より重要でした。そのための心構えとして、三方よしが説かれたと言われています。商品を日本全国に売り歩いた近江商人たちは、買い手だけではなく、その地域社会(世間)を大切にすることを、遺言や家訓によって伝えたのです。

実は驚くべきことに、先ほどご紹介したフィッシャー先生も、三方よしと同じようなことを言っていたのです。フィッシャー先生は「信頼」が大切だと力説されていて、それを「賢明な合意」(Wise Agreement)という言葉で表現しています。

賢明な合意とは、「当事者双方の正当な要望を可能なかぎり満足させ、対立する利害を公平に調整し、時間がたっても効力を失わず、また社会全体の利益を考慮に入れた解決」*のことです。つまり、当事者双方と

*ロジャー・フィッシャー他『新版ハーバード流交渉術』阪急コミュニケーションズ、1998年、6頁

社会全体の利益を考慮した解決のことですから、三方よしとまったく同じ考え方であることがわかりますよね。
現在、賢明な合意はハーバード交渉学の基本的な考え方として定着していますから、三方よしの考え方は賢明な合意を先取りしていたということになります。

余談になりますが、ビジネスの世界では「世間の利益」、あるいは「社会全体の利益」に配慮することが重要な課題になっています。みなさんも、企業の社会的責任（CSR）という言葉をどこかで聞いたことがあるでしょう。CSRとは、企業が利益を追求するだけでなく、企業活動が社会へ与える影響に責任を持ち、消費者、投資家、社会全体などすべてのステークホルダー（利害関係者）からの要求に対して応えなければならないということです。

授業❻ コンフリクト・マネジメント

さて、最後に「コンフリクト・マネジメント」について、ご紹介したいと思います。お配りしたケースをもう一度見てほしいんですが……。

生徒がケースが書かれた紙を取り出す音が教室内に響いた。

仮に「あなた」が、納得がいかないという感情を持ち続けながら佐々木君と話をするとしたら、それはよくないことです。
ほとんどすべての交渉では、そういう感情を持ったまま相手と話をすると、必ず揉《も》めることになります。「1年生の大谷と比較するなんて、ふざけるな!」のように腹が立つ。
そこで、自分の言いたいことを言う。「それはおかしいんじゃないか?」と一方的に自分の話をして、相手を論破したいと思う。「佐々木君の考えは間違っている」と言いたい気持ちになる。これが普通の人間の心理ですね。
相手もそういう気持ちになってしまうと、大変なことになります。お互いが立場をぶつけ合い、相手を非難し、最終的には裁判に発展するような状況を、交渉学では「コンフリクト」(摩擦)と呼びます。国際紛争で、話し合いによる解決ができず、武力衝突にまでエスカレートしてしまうような状況は、最も極端な例です。
コンフリクトは、双方にとって望ましいことではありません。一刻も早く解消したいと思うのは当然ですが、双方の思惑とは裏腹にコンフリクトはエスカレートし、事態は悪化の一途をたどって歯止めがかからなくなるものです。とりわけ、民族・宗教・国家同士のコンフリクトでは事態が深刻になる場合が多いことは、新聞やテレビでよく報道されているので、みなさんもよくご存じだと思います。

なぜそんなことになってしまうかと言えば、それは文化や習慣の違いに

よってコミュニケーションのとり方が異なり、それが相手に対する誤解と不信を助長するからです。
繰り返しになりますが、当事者双方とも、このまま対立が激化してしまうと何のメリットもないことは十分わかっているはずです。そして、問題解決のメリットが大きいことも、たいていは理解しているでしょう。それにもかかわらず、コンフリクトを解消することはなかなか難しく、最悪の事態にまで発展してしまう危険性があるのです。

仮に、双方が紛争や戦争を続けたいと考えているのであれば、勝ち負けがはっきり決まるまで、問題解決は不可能かもしれません。しかし、双方とも紛争を解決したいと思い、戦争を回避したいと思っているにもかかわらず、コンフリクトからなかなか抜け出すことができないのはなぜでしょうか? そして、どうすれば問題解決ができるのでしょうか?
みなさんは、すでにその答えがわかっていますね。そうです、「交渉」によってコンフリクトを解決していくのです。交渉で、効果的・効率的にコンフリクトを解決に導くことを「コンフリクト・マネジメント」と言います。

コンフリクト・マネジメントで最も重要なことは、解決を急がないことです。日本人はとかく「コンフリクト＝対立」と捉えて、和を乱すような人間に対して冷たい対応をしがちです。また、意見の対立があったり反論されたりすると、それを個人攻撃と捉える傾向があります。
したがって、不快な状態から一刻も早く脱却しようとして、相手に話を合わせようとしたり、対立を避けるために譲歩をしたりします。しかし、解決を急いではいけません。
また、コンフリクトに慣れることも必要です。「ええーっ!」と思うかもしれませんが、慣れるためにはコンフリクトが発生しても焦らないようにすることです。そして、その原因を探る。当然、時間がかかりますが、それでいいんです。交渉を早く終わらせようとしてはいけません。

もう1つ重要なことがあります。
それは、相手に期待しないこと。期待することが、コンフリクトをエスカレートさせる一因になるからです。例えば、交渉相手は誠実に交渉すべ

きであるとか、相手に非があるのだからあちらが先に謝罪すべきであるとか、不合理な要求をすべきではないとか、相手に対して期待をすることはよくありますよね。そんな期待が裏切られると、ますます不愉快になってコンフリクトの解決から遠ざかってしまうことになりかねません。

T教授は腕時計を見た。

少し難しくなってしまったかもしれませんが、最後にもう一言だけ。交渉では事前準備が最も重要です。今日は時間の関係で説明ができませんでしたが、別の機会があれば、詳しく説明したいと思います。ぜひ本を読んで勉強してみてください。時間になりましたので、このへんで授業を終わりにしたいと思います。

誰とはなしに拍手が起きて、教室内に大きく反響した。
大輝も翔太も美咲も興奮していた。あっという間の90分だった。
大学の授業ってこんなにおもしろいんだ、と3人は思った。

第4章

「交渉学」の核心

T教授の「交渉学」延長講義

それから5日後の午後5時過ぎ、山手線T駅の中央改札口は帰宅する通勤客でごった返していた。大輝と翔太と美咲は、前回と同じようにここで待ち合わせをした。少し遅れて桃子が合流した。K大正門では大林君が出迎えてくれた。

オープンキャンパスのあった日、模擬授業が終わって4人が教室を出ると大林君が立っていた。授業の感想を聞きたいという。
建物を出て、右手に回り、長い外階段を上ったところにちょっとしたスペースがあり、アルミ製の丸テーブルとイスがいくつか並んでいる。少し離れたところには、世界的に有名な彫刻家の作品がある。木立の奥には街並みが見え、なかなか気持ちのいい空間だった。
椅子に座り、手に持っていたレジ袋から人数分のペットボトルを取り出して4人に配りながら、大林君は聞いた。
「交渉学の授業、どうだった?」
「とてもおもしろかった!」

3人は口をそろえて答えた。
桃子も同感だった。こんな授業がW大にもあったらいいのに……。口にこそ出さなかったが、そう思った。
大林君は「そうだよね」と安心したように言った。
さらに、何がおもしろかったのか、今までこんな授業を受けたことがあるのか、もっと知りたいことはないか……など矢継ぎ早に質問し、3人はそれに答えた。大林君はパソコンを開いて、感想や意見をメモしていった。

翌日の5時限目のゼミ終了後、大林君はT教授と一緒に進めているプロジェクトのことで打ち合わせをすることになっていた。それが終わった後、高校生3人組のことをT教授に話した。3人が学校や家庭での交渉事で悩みを抱えていること、それを友人から聞いて昨日のオープンキャンパスでT教授の模擬授業があることを知らせたこと、3人がその模擬授業に参加して、そのうちの1人がT教授の質問に答えて発言したこと、模擬授業が終わってから彼らを誘って話をしたこと、彼らが「交渉学」にとても興味を持っていたこと、等々。

「その友人って、キミのガールフレンドですか?」
T教授が突然聞いた。
大林君は一瞬ひるみ、顔を少し赤らめた。
「いえ、親しい友人です。今はW大の4年生で、大学院に進むそうです」
「なるほど」と言いながら、T教授は「今週金曜日の夕方だったら、30分ほど時間が取れるので、その3人に会ってみましょうか」と答えた。

「彼らきっと喜びますよ」と言って、大林君はその場でスマホを取り出して桃子に連絡した。

大林君からのメールを見て、桃子は翔太に連絡した。ちょうど定期試験の最中で、大輝も部活は休みだった。

「どうして試験中に出かけるの?」と大輝の母親は不満げな顔をしたが、K大で教授に会うと言うと「それなら」と納得した。

美咲の母親は、「あ、そうなの」と言っただけだった。

桃子は「私も行くからね」と翔太に念を押した。

T教授は、「交渉学」をもっと広めたいと思っていた。義務教育の段階から交渉学の考え方を知ってほしい、交渉学の基本を伝えることで多くの学校で深刻化している「いじめ問題」も軽減できるのではないか、そう考えていた。

実際、T教授は北関東のN市で小中学生を相手に交渉学の実験授業を行なっている。いくつかの高校から依頼もあって、交渉学の授業を行なう計画もある。T教授は、高校生が交渉学をどう見ているのか知りたかった。大林君の話はまさに渡りに船だった。

「おこづかいの値上げ交渉」のケース

大林君が案内してくれたのは、オープンキャンパスがあったのとは別の建物の5階にある357教室だった。高校の教室の半分ほどの広さで、机がロの字型に並んでいる。詰めて座れば20人ほどは座ることができるだろう。

3人は「好きなところに座って」と言われて、どこに座ったらいいのか戸惑っていた。すぐにT教授が現れた。向かって右側にT教授と大林君、

左側に奥から順に美咲、大輝、翔太、桃子の順で座った。2人の面接官に4人が面接を受けているみたいだ、と桃子は思った。

「それでは始めたいと思います」

大林君がT教授の顔を見ながら言った。T教授はうなずいて「どうぞ」と言った。

まず大林君が、3人がどのような高校生で、それぞれどのような悩みを抱えているのかを簡単に紹介した。そして、翔太、美咲、大輝の順で自己紹介して、先日の模擬授業の感想を述べた。

大輝の顔を見たT教授は「確か、君は昨日手を挙げて答えてくれましたね」と言った。「覚えていてくれたんだ」と大輝はうれしかった。

「今日は、30分ほどしか時間がありませんが、聞きたいことがあれば、何でも質問してください」

T教授からそう言われて、大輝が「じゃあ、自分からでいいですか」と口火を切った。

「この間の授業で、先生ははじめにケースを配りましたが、ケースってたくさんあるんですか?」

なかなかいい質問ですね。実は、アメリカのハーバード大学はたくさんのケースを持っています。200はあるんじゃないかと思います。それを日本語に翻訳して使うこともできるんですが、やっぱり国が違うと状況も異なるので、それをただ日本語にしただけでは使いづらい面がある。それに、ケースを使う場合には、使用料をハーバード大に払わなければ

いけない。私はほとんどボランティアベースで交渉学を広めようとしているところなので、そんなお金はありません。そこで、F大学のS先生と一緒に、大林君にも手伝ってもらって、いろいろなケースを作っているところです。

4人が大林君を見た。少し照れくさそうにして、大林君は「はい」と言った。

「そういえば」と言って、T教授は手元に置いた鞄から2枚の紙を取り出して言った。

今、小学生に交渉学を教えるという実験プロジェクトを実施しているんですが、そこではこんなケースを配っています。この間の授業で、ケースのロールは1枚だけではない、と言ったことを覚えていますよね。これは小学校6年生に向けたもので、色紙が子供側の情報、白い紙が親側の情報になっています。

「拝見してもいいですか」と美咲が聞いて、T教授から2枚の紙を受け取った。2枚の紙には少し大きな字で次のようなことが書かれていた。

Case 2 おこづかいの値上げ交渉

[子供側の秘密情報]

あなたのおこづかいは、毎月500円です。
あなたは、新しいマンガ、ゲームソフトなどほしいものがたくさんあります。少年野球チームに入っているあなたは、限定発売中のイチロー選手仕様のグローブがほしいのですが、4000円もします。お父さんに頼んでみましたが、誕生日まで待て、と言われました。3カ月も先のことなので、そのグローブはきっと売り切れてしまうに決まっています。
そこで、おこづかいの値上げをお願いしようと思っています。できれば、500円アップして1000円に。
夏休みに親戚のおじさんからもらったおこづかいの残りが2500円あって、先月もらったおこづかいは全額残っています。今月のおこづかいが上がれば、すぐにそのグローブを手に入れることができます。
おこづかいを上げてもらうために、2つの約束をしたいと思います。

(1)ゲームは1日1時間にする。
学校から帰ると野球の練習か、それがない日はゲームをして遊んでいるので、昨日もお母さんから「野球やゲームばかりしているから成績が下がった」と怒られました。だから、ゲームは1日1時間だけにすると約束したいと思います。

(2)1週間に何回か、犬の散歩をする。
家には犬がいます。日曜日にはお父さんが散歩に連れていくのですが、それ以外の日は散歩に連れていきません。犬は散歩に行きたがっています。あなたはもう1人で犬を散歩に連れていけるようになっています。そこで、毎日はきついが犬を週に何回か散歩に連れていくことを約束して、おこづかいを上げてもらおうと思います。

［親側の秘密情報］

あなたの子供のおこづかいは、毎月500円です。
知り合いに聞くと、おこづかいは1000円という人が多いようです。
ただ、おやつは買ってあげているし、本やゲームソフトもほしいと言えば買ってあげているので500円でも十分だ、と思っています。
しかし、次の2つの条件を満たすなら、おこづかいを値上げしてもいいと思っています。値上げは、100円から500円の間で自由に決めることができます。もし500円アップすれば、おこづかいは毎月1000円になります。

（1）1時間かならず勉強する。
昨日、「勉強しないから成績が下がっている」としかりました。毎日、部屋で1時間、算数と漢字のドリルをやることが条件です。

（2）毎日、犬の散歩をする。
家族で飼っている犬がいます。子供が小さいときにはよく一緒に散歩に連れていきましたが、最近では散歩に行こうとしません。犬は毎日散歩に行きたがっています。もう、1人で散歩に連れていけるはずなので、犬を散歩に連れていくことが条件です。

1つのクラスを、「子供」役の生徒と、「親」役の生徒の半々に分け、それぞれにロールを渡し、紙に書いてあるお互いの情報は見せないようにする。次に、5〜10分ほどかけてそれぞれ読んでもらう。それが終わったら、「子供役チーム」と「親役チーム」に分かれて、さらに10分ほど戦略会議をしてもらう。つまり、どのように相手と交渉したらいいのかみんなで話し合ってもらうわけです。そして、2人1組になって交渉を始めてもらいます。

「そして……」とT教授が話を続けようとした時、大輝から翔太に2枚の紙が手渡された。それを見て、翔太は思わず「え!」と大きな声を出し、すぐに「すいません」と謝った。「おこづかいの値上げ交渉」と紙に書かれていたからだった。「ちゃんと読みなさいよ」と桃子が小さな声で叱った。
「そういえば、君の問題は小遣いの値上げだったね」
T教授は言った。

大切なことは、交渉が終わってから相手と紙を交換して、相手の情報を知ることです。あー、そういうことだったのか、それが早くわかっていれば、もっといい交渉ができたのに、ってみんな言います。ならば、なぜそれを聞き出そうと努力しなかったのか。そこがキーポイントなのです!

美咲と大輝は「なるほど、そうか」と思った。
翔太はうなずくだけで何も言わなかった。

2つの基本原則

「別の質問ですけど、いいですか?」と美咲が聞いた。
「どうぞ」
「この前の模擬授業と今日のお話を聞いて、交渉学っておもしろいなと思ったんですが、実際の交渉の現場で心得ておくべきことというか、何か基本原則みたいなものってあるんでしょうか?」
T教授は「うーん……」とうなってから、「大林君だったらどう答える?」と聞いた。
突然、話を振られた大林君も「うーん、そうですね」とうなってから、少し間をおいて「『人と問題の分離』と『立場から利害へ』じゃないでしょうか」と答えた。
「なるほどね」とT教授は立ち上がり、後ろのホワイトボードに「人と問題の分離」と書いた。そして、次のように説明した。

みなさんも経験したことがあると思いますが、交渉では感情的になってしまうことがよくあります。そもそも、人間はロボットとは違って、感情のない意思決定なんてできないんです。相手との交渉中に感情的になったり、相手に対して不快な思いをしたりすることは、極めて普通なんです。でも、交渉で感情をそのままぶつけ合っていると、事態は収拾がつかなくなる。あまりに感情的なやり取りが続くと、交渉決裂なんてことにもな

りかねません。そこで、交渉全体をクールダウンさせ、感情とうまく付き合っていくしかないんです。
どのように交渉全体をクールダウンさせるのか。重要なポイントは、視点を変えることです。自分の視点というよりは、むしろ相手の視点から見るということです。もちろん、そんなに簡単なことではありません。しかし、相手の視点に立って問題を考えることが、人と問題を分離することにつながるのです。

「ちょっとよくわからないんですが」と首をかしげる美咲に、T教授は続けた。

もう少しわかりやすく言うと、ある問題について相手と交渉している時に、感情的になってしまうのは「相手」に対してであって、「問題」に対して感情的になるわけではないですよね。だから、相手がどのように感情を爆発させても、それに対して反撃するのはよい方法とは言えません。そうではなく、「問題」を解決することに焦点を当てるんです。これでわかりますか?

「はい。でも、そういう時、どうすればいいんですか?」と美咲は聞いた。

相手と問題(内容)を交渉しているはずなのに、交渉相手(の感情)と問題を混同してしまいそうな時、どうすればいいのかということですね。ヒントは、そういう時にはできるだけ機械的に処理したほうがよいということです。一番いいのは、相手との話の内容を紙に書くことです。それから、例えば……

T教授は後ろを向いて言った。

交渉の場にこのようなホワイトボードがあれば、そこに書く。一般に、相手の目を見て話すことが礼儀にかなっていると言われますが、それは揉《も》め事が起きていない場合のことです。交渉で相手と感情的なやり取り

になっている時には、おそらく双方とも目を吊り上げているはずです。そんな相手の顔を見ながら、冷静な交渉なんかできっこありません。
だから、問題を紙やホワイトボードに書く。それを指差しながら「ここはどうでしょうか?」と言って、自分が「問題」に対してフォーカスしていることをはっきりと相手に伝える。これはとても大事な手法なのです。

T教授は「ここまでは、いいですか?」と美咲の顔を見た。美咲は小さくうなずき、「はい」と答えた。T教授は椅子に腰かけて話を続けた。

次に「立場から利害へ」ですが、先日の模擬授業では二分法の罠にかかると選択肢が狭くなってしまうという説明をしました。交渉では「立場」にこだわるというのも、一種の二分法的な発想です。
つまり、「売り手／買い手」「親／子」「監督／選手」など、それぞれが置かれている立場にこだわって交渉すると、お互いが譲り合う余地は極めて限られてしまい、創造的に問題を解決することが難しくなってしまうということです。
では、どうしたらいいのか。「立場」ではなく「利害」を考えることです。「利益」(interest)と言ってもいいかもしれません。対立した交渉の場面では、立場も利害も一致点がないと思いがちですが、そんなことはありません。利害は1つではないことに気づき、複数ある利害を調整するという視点が大切なんです。
ハーバード・ビジネススクールのセベニウス教授は、こんな例で説明し

ています。

T教授は再び立ち上がって、ホワイトボードの真ん中に「ダム建設」、その左に「推進」、右に「反対」と書き、対立関係を示すために両矢印で結んだ。そして、「推進」の下に「電力会社」、「反対」の下に「農家・環境保護団体」と書いた。

このように、表面的な立場は典型的な二分法になっています。ダム建設に「賛成／反対」ですからね。

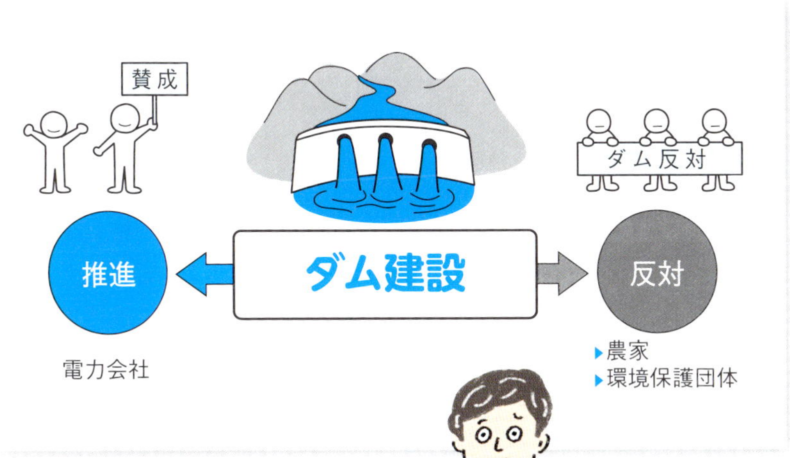

しかし、それ以外の解決策がないかと言えばそうではありません。電力会社は発電量を増強するためにダムを作りたいと考えているが、一方で環境を重視するという企業イメージも確保したいと考えている。
農家がダムに反対するのは下流域の水位低下を心配しているからであり、環境保護団体は水鳥の生息する環境を保全したいためにダム建設に反対している。
利害に目を向けることによって、例えばダムの規模を縮小するとか、水鳥の生息地を別に確保するとか、さまざまな解決策が出てくる可能性が開けることになります。だから、交渉ではできるだけ双方の利害を相手に伝えることが重要になります。自分の関心事項(利害)を相手が誤解していないか常に確認することも必要です。
会話や交渉の中で、相手の言葉を100%理解するのは極めて難しいことですが、相手とのミスコミュニケーションを避けるためには、自分が大事だと思っていることは、繰り返し話して相手に伝わるように努力しなければいけません。自分が相手に伝えたいことは、何度もわかりやすく話をするということです。

T教授の説明を聞きながら美咲は考えていた。
「私は、父が何を考えているのかを知っているのだろうか? 父がなぜ医学部を目指せと言うのか、その理由を聞いてみたことがあっただろうか? 私は何も知らないで、自分の立場だけで父と話していただけなのかもしれない」

T教授から「これでいいですか?」と聞かれて、美咲は「はい、なんだかわかったような気がします」と答えた。

事前準備の重要性

次は、翔太の番だった。
「この間の模擬授業の最後に、交渉では『事前準備』がとても重要だっておっしゃっていたので、大林さんに聞いたんですが、もう1つよくわかりません。確か、合意できなかった時にはどうするかも考えなくてはいけないって、えーと……なんでしたっけ?」
「バトナ(BATNA)ね」と大林君が助け船を出した。
「そう、バトナです。あまりよくわからなかったので……」
「大林君は、難しい話をしたんですね」とT教授。
「いえ、そんなことはありません。少しだけ……」と大林君は恐縮した。
T教授は「わかりました」と言って、翔太のほうを向いて説明を始めた。

交渉を成功に導くためには、それなりの準備が必要だということはわかりますね。
交渉は「準備8割・現場2割」なんです。準備が最も重要だと私は考え

ています。でも、みんなが準備をして交渉に臨んでいるかと言えばそうでもありません。準備には多大な労力と時間がかかると思い込んでいるからです。したがって、いかにシンプルに、効率的かつ効果的に準備するかがポイントになります。

交渉を成功に導くための事前準備を「2×2《ツー・バイ・ツー》アプローチ」と言います。交渉の準備のキーワードは大局を押さえる「ミッション」と「BATNA」の2つと、現場で調整する「ターゲット」と「創造的選択肢」の2つで、それらをバランスよくとらえる手法として「2×2」と考えています。

T教授は、ホワイトボードに「ミッション」「BATNA」「ターゲット」「創造的選択肢」と書いた。

順番に説明していきましょう。

まず、「ミッション」とは共通の目的あるいは究極のゴールのことです。なぜ、ミッションが必要かと言えば、単に勝ち負けを競って安易な合意をするのではなく、その先にある共通の目的（ミッション）に向かうことによって、初めて創造的な解決策を見つけることができるからです。

例えば、みなさんが水族館を運営しているとします。ある水産試験場が日本では珍しい魚を持っているので、それを入手して展示したいと思っている。そこで、水産試験場と交渉するわけですが、その時の「ミッション」は何か。できるだけ安くその魚を手に入れることでしょうか。たぶん違うと思います。来館してくれた人に喜んでもらうことなどもありますよね。

ミッション

交渉によって実現・獲得したいこと。抽象的すぎず、かつ具体的すぎない共通の目的

では、ミッションを考えるためにはどうすればいいか。

「何のために交渉するのか? なぜこの交渉が必要なのか? この交渉によって何を実現・獲得したいのか?」を自らに問いかけてみることです。そして、抽象的ではない、かといって具体的すぎないミッションを考えることです。

ミッションを考えることによって、交渉に対するイメージがはっきりしてくるはずです。そして、交渉の議論に一貫性が生まれてくる。小手先の理屈ではなく、本当に実現したいと思っているイメージから発言できるので、計り知れないほどの説得力が生まれます。

もちろん、ミッションを考える前に落ち着いて現在の状況を確認する必要があります。利害関係者は誰なのか？ すべての利害関係者を把握しているか？

また、交渉に至る経緯や過去の交渉内容などを確認しておくことも重要です。さらに、その交渉に関係する最新ニュースや法律面での検討なども必要になります。

次に、「バトナ」ですが……

Best Alternative to a Negotiated Agreement のこと。交渉で合意が難しい場合の最善の代替案。BATNA を用意していないと、意思決定の質が低下する。

T教授は、ホワイトボードに「Best Alternative to a Negotiated Agreement」と書いて、B、A、T、N、Aに丸をつけた。

このように頭文字をとったもので、交渉でミッションの実現が難しい状況に陥った時、その交渉を打ち切った場合の最善の代替案、という意味です。
交渉でBATNAを用意していないと「No」と言いづらくなり、際限なく譲歩せざるを得なくなるかもしれません。BATNAを用意しておくことで、今行なっている交渉の価値を落ち着いて見極めることができます。
実際、国際交渉の場面では、BATNAが盛んに使われています。むしろ、BATNAがなければ国際交渉は難しいと言うべきかもしれません。
BATNAがないということは、「合意しない」という選択肢をはじめから放棄していることを意味します。したがって、それが交渉相手に知られてしまうと、一方的譲歩を迫られるだけということになりかねません。

3番目の「ターゲット」は目標を設定するということです。ミッションを実現するために目標を設定するんです。わかりやすく言えば、ミッションを具体的な数値や条件に置き換えることです。双方が譲ることができるギリギリの金額で合意しようとすることを「落とし所を探す」と言いますが、それとは違います。合意することだけに頭が行ってしまうと、結局はミニマムな合意しかできません。
良い交渉をする人は最高目標を設定し、その最高目標をどのように説

ターゲット

目標の設定。ミッションを具体的な数値や条件に置き換えること。

明するかを考える。これを「上を向いた交渉」と言います。最高目標を実現するために努力することが、交渉の成功確率を上げる。それに対して、落とし所を意識しすぎる交渉スタイルを「下を向いた交渉」と言います。

最後の『創造的選択肢』ですが……

T教授はホワイトボードに書いた文字を示しながら、3人を振り返って「少し難しい?」と尋ねた。

「えー、ちょっと…」と翔太が答えた。

「大丈夫です」と美咲が言った。

「もう少しだから」と、T教授は続けた。

究極の目的であるミッションと直接の目標であるターゲットを掲げ、BATNAを用意して、落とし所探しをせず、少しでも最高目標に近いところで相手に納得してもらう。そのためには、交渉でいろいろなアイデアを提供する必要があります。それが「創造的選択肢」なんです。それは、双方が納得し、双方の利益を満足させるものでなければなりません。創造的選択肢といっても、そんなに難しいことを考える必要はありませ

創造的選択肢
交渉が行き詰まった時の、双方が納得する打開策。

ん。ちょっとした工夫でいいんです。例えば、「商品はほしいけど、すぐに全額払えない」という相手に対して、「分割でもいいですよ」と言って分割払いにすることも創造的選択肢と言えます。
準備段階で考えた創造的選択肢は、実際の交渉でそのまま使えないかもしれません。提案した選択肢に相手が興味を示さないかもしれない。そういう時は、相手に質問をすればいい。それによって、相手のニーズを探り出すことができるかもしれないからです。
君たちは、アレックス・オズボーンという人の名前を聞いたことがありますか?

3人は首を横に振った。

ブレインストーミングという会議の方法を考え出した人なんですが、その人がアイデアを出すための9つのチェックリストを示しているんです。それは、「転用」「応用」「変更」「拡大」「縮小」「代用」「置換」「逆転」「結合」です。
「転用」とは、他の用途で使われていたものを使ってみることです。「応用」とは、他でうまくいったことを真似してみることです。「変更」とは、同じものでも意味合いや色などをちょっと変えてみることです。難しいことではありませんよね。

その時、ドアがノックされた。大林君が対応し、T教授に何かを告げた。

オズボーンの９つのチェックリスト

転用

他の用途で
使われていたものを
使ってみる

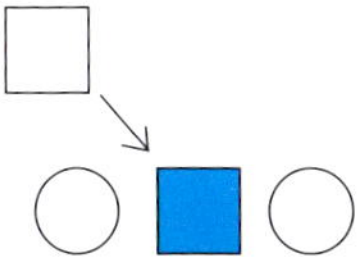

拡大

規模や時間などを
大きくしてみる

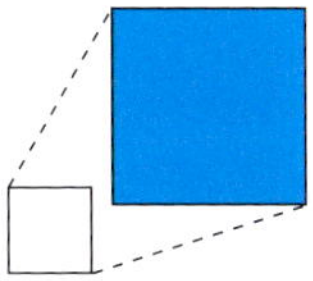

置換

順番などを
変えてみる

応用

他でうまくいったこと
を真似してみる

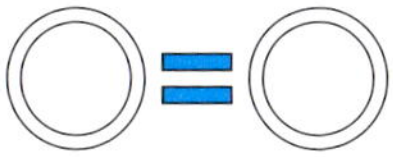

縮小

規模や時間などを
小さくしてみる

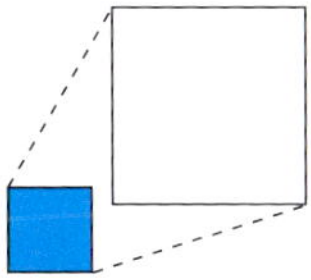

逆転

立場を変えて
考えてみる

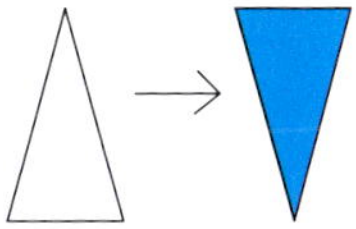

変更

同じものでも
意味合いや色などを
ちょっと変えてみる

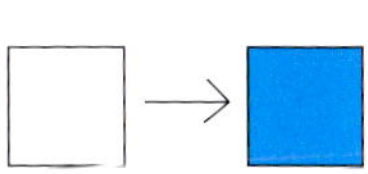

代用

代わりのものや人材を
活用してみる

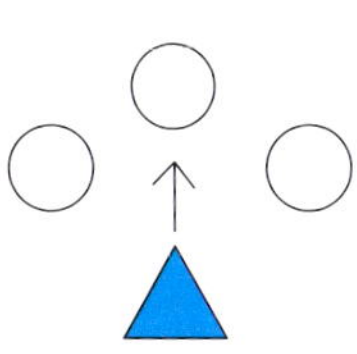

結合

目的やアイデアを
組み合わせてみる

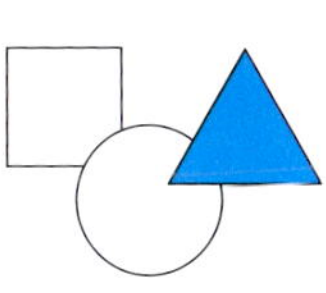

「ごめんなさい。アメリカからやってきた友人が到着したので、これで終わりにしたいと思います。えーと、残りの6つの項目については、大林君、よろしく。それでは」と言って、T教授はゼミ室を出て行った。
大林君はバックパックから1冊の新書版の本を取り出した。
「確かここに……」と言って、ページを繰ってから一気に読み上げた。

「拡大」「縮小」とは、規模や時間などを拡大（縮小）してみることである。「代用」とは、代わりのものや人材を活用することであり、「置換」とは、順番などを変えてみることである。「逆転」とは、立場を変えて考えてみることで、交渉学ではきわめて重要な考え方であり、「結合」とは、合わせてみることである。例えば、良いアイデアがなかなか浮かばないときには「縮小」して考える。……また、商品のアイデアを考える場合には「結合」が重要になる。……携帯電話にカメラ機能を付けたり、……SUICAカード機能を付けることも、「結合」による新商品開発である。

3人には少々難しかったかもしれない。が、桃子は交渉学の核心に触れることができたと思った。

＊田村次朗『ハーバード×慶應流 交渉学入門』中央公論新社、2014年、103-104頁。

エピローグ

それから数日たったある日の夕方、何気なく新聞を開いた美咲の目に、小さな記事が飛び込んできた。

> 6日、M区のI総合病院内に「医《イ》良《イ》カフェ」がオープンした。患者にくつろぎの場を提供し、健康に関する医療本や素材にこだわった野菜ジュースや野菜サラダなどを提供する新しい試みだ。同カフェを運営するのはT大病院医師のJHさん。近くにあるN医療看護大学の学生がインターンとして常駐する。

「これだ!」と美咲は思った。

普通の店で売っているケーキを食べることができない患者さんは少なくないはずだ。そういう人も食べられる美味しいケーキを考案して、病院の待合室に併設したカフェで販売する。

さらに、医療に関する情報を患者にもわかるように編集し直してデータベース化する。高齢者でも簡単に操作できるタブレットをカフェのテーブルに置いておけば、長時間順番待ちしなければいけない患者さんは喜ぶだろう。なにより、ケーキ屋さんになるという私の希望をかなえることができる。患者さんが喜んで病院が明るくなれば、社会もよくなる。まさに「三方よし」だ。

翌日、美咲は担任の教師と相談し、医学部に進学することを決めた。学校から帰って母に告げると、「そう、がんばってね」と言ってから、「でも、

おじさんの医院を継ぐなんて無理して考えなくてもいいのよ」と付け加えた。

その夜、美咲は母と妹と3人でいろいろな話をした。父は相変わらず、午前様が続いていた。

予防接種の話になり、「注射なんか全然怖くない」という妹に、母は「美咲はダメなのよね」と念を押した。そして、美咲に向かって、「ママは平気なんだけど、パパは注射が大の苦手だっていうの知ってた? 極力避けようとしているし、どうしても注射しなければいけない時でも、絶対に針を見ないように顔を背《そむ》けているの。美咲はパパに似たのね」と言って笑った。

「それに、パパは血を見るが嫌いでね。ママが包丁で手の指をちょっと切った時なんかでも、バンドエイドを持ってウロウロするだけ。いつもは難しい顔をしているのに、おかしいわよね」
美咲は、何となく父の存在が身近に感じられるようになった。

翔太はと言えば、K大のゼミ室でT教授の話を聞いてから、ずっと考えていた。
「小遣い値上げ交渉のミッションは何だろうか?」
小遣いをもう少し値上げしてほしかったが、わが家にとっては難しい、と父は言った。なぜ自分のことばかり言うのか、とも言われた。T教授が小学生向けの交渉学の授業で使っていると紹介してくれたケースにあったように、毎日犬の散歩をするという交換条件をつけることも考えたが、あまりに子供っぽい提案のようにも思えた。
どう考えてもミッションが思い浮かばなかったので、翔太は小遣いを値上げしてもらうことを諦めた。その時、ふと「洗車」という単語が浮かんだ。
翌週から、ほぼ10日に1回のペースで翔太は車を洗うようになった。誰に言われたわけでもなかった。桃子からは「どうしちゃったの?」と冷やかされ、母からは「水道代がかかるから、水を使いすぎないように注意してね」と釘をさされた。
翔太は、子供の頃に父と一緒に車を洗ったことを思い出していた。服と靴がビショビショに濡れて母親によく叱られたが、楽しい思い出だった。

翔太は、自分が車を洗う作業が好きだったことに気づいて驚いていた。
車は主に父が通勤用に使っていた。父は時々車がきれいになっていることがわかったが、何も言わなかった。
そんなことが続いてしばらく経ったある日、母が翔太に言った。
「今月から翔太の小遣いを5500円にするって、父さんが言ってたわよ」
翔太は驚いた。
「え? そんなつもりで車を洗ってたわけじゃないんだけど……」
父は月に2回ほど、少し離れた洗車場に行って自分で洗車していた。ガソリンスタンドで洗車を頼むと高いからだ。洗車代金は月2000円ほど。翔太が車を洗ってくれるのであれば、洗車場に行かなくて済む。翔太が

率先して家のことを考えてくれるようになったことを、父は喜んでいた。

さて、大輝は?

監督の指示で、地区予選1回戦の先発メンバーから外れた。その試合で、チームは前半こそどことなくぎこちなかったが、後半からは見事に歯車が回り始めた。

大輝は、F高校に入って初めてベンチから試合を見守った。監督の隣に座り、監督が試合中にどのような指示を出しているのかを学んだ。

残り15分になった時、監督から「出番だ」と言われた。大輝は2得点を挙げて勝利に貢献した。

その後の試合でも、F高校は快進撃を続けた。決勝の相手は、ここ数年全国大会に連続出場している強豪校だった。しかし、大輝は負ける気がしなかった。

その頃、美咲は学園祭で出店するスイーツカフェの準備で大忙しだった。学園祭実行委員会副委員長の美咲は、みんなから「ボス」と呼ばれている委員長から、品川にある果物専門店でスイーツカフェで使うフルーツを購入するよう頼まれていた。

美咲の高校の学園祭実行委員会は、東京女子高校学園祭連盟(女学連)に所属していた。生徒が自主的に作った団体である女学連には、東京圏にあるほとんどの女子高が参加していた。
最近は、女子高の学園祭でスイーツカフェの出店が流行っている。そこで、女学連ではカフェのメニューやスイーツの材料などの仕入れ先に関する情報を交換したり、同じ日に学園祭が行なわれる時には一括して大量購入して分け合ったりしている。
実は、女子高学園祭でのカフェメニューの斬新さがネットで話題になっており、美咲の高校にもある雑誌からの取材の申し込みがあった。今年のスイーツカフェではバナナをメインにした新メニューを作る予定になっている。女学連カフェスイーツを追いかける「女学連カフェスイーツ・マニア」なる人もいるらしい。
美咲の高校では昨年、新しいスイーツを考案した。富士山をかたどったスポンジケーキの上にホワイトクリームを乗せ、丸くカットしたフルーツを爪楊枝に刺して東京スカイツリーに見立てて横に並べた。「377武蔵パフェ」と名づけて販売したところ、行列ができるほどの大人気を博した。

美咲が託された予算は2万円。「これでバナナを15キロと、できるだけたくさんのフルーツを買ってきて」とボスから頼まれた。条件は、送料無料で、明日の午前9時までに届けてもらうことだった。

美咲が買い物に行く果物専門店は、無農薬や低農薬の果物、フェアトレードの果物などを良心的な価格で販売する店として知られている。年

［ミッション］
●予算2万円
●バナナ15キロとできるだけたくさんのフルーツを買う
●送料無料で、明日午前9時までに届けてもらう

内には、フルーツとスイーツを売り物にしたカフェを横浜にオープンする予定だが、レシピ不足が悩みの種。高校の学園祭でスイーツカフェの出店が流行っているようなので、どんなメニューがあるのか知りたいと思っている。
その果物専門店での販売価格は、バナナ15キロ2万円、国産マンゴー1個1000円、メロン1個2000円、アボガド1キロ1000円、などなど。
販売担当者は、条件次第でそれぞれ1割程度値引きできることになっている。また、1万円以上購入すれば送料は無料だが、配送は翌日午後1時以降。午前配送の場合は500円の送料が必要になる。

美咲は、出かける前にインターネットでバナナの販売価格を調べていた。しかし、その他のことはまったく知らずに、果物専門店に向かっている。
店についてすぐに価格交渉に入るつもりはまったくなかった。BATNAを用意していたし、いくつかの創造的選択肢も考えていた。自分たちに論理があるように、売り手の側にも論理があると考えていた。
ミッションについて話し、相手の考えていることも聞き出して交渉する。そうすれば、双方にとって最高の結果を得られるだろう。美咲は、T教授が言った「win-winの関係」という言葉を思い出していた。

「きっとうまくいくはず」
美咲は思った。

おわりに

美咲は上手な交渉ができたのでしょうか。
効果的かつ効率的な事前準備を行ない、双方が納得できるような論理を使って、創造的解決（win-win交渉）を目指すことができたでしょうか。
たぶんできたと思います。
どのように交渉して、どのような結果だったのか知りたいって……？
それは読者のみなさんのご想像にお任せしましょう。

後から聞いた話ですが、美咲の招待を受けて翔太と大輝は学園祭に行ったとのことです。桃子と大林君も一緒でした。お目当てのスイーツカフェで、4人はバナナとたくさんのフルーツが山盛りになったスイーツを堪能しました。桃子はとてもおいしいと感激。スイーツに目がない大林君は2個も食べたとのことです。

それから美咲は、T教授の模擬授業を受けた後、父親に頼んで交渉学についての本を3冊買ってもらい、すでに読み終えたそうです。
その本は、以下の3冊です。

R・フィッシャー、W・ユーリー『ハーバード流交渉術』（金山宣夫・浅井和子訳、三笠書房、1990年）
田村次朗『ハーバード×慶應流交渉学入門』（中央公論新社、2014年）

田村次朗・隅田浩司『戦略的交渉入門』(日本経済新聞出版社、2014年)

翔太はこのうちの1冊だけ読み、美咲は大輝から「本を読む時間がないので、何が書いてあったのか教えて」と頼まれたようです。

最後になりましたが、あと2つのことだけお知らせしたいと思います。

1つは、この本で展開されたストーリーはすべてフィクションであり、登場人物や学校などはすべて架空のものだということです。どこを探しても、「377武蔵パフェ」なんかありませんので念のため。

2つ目は、この本は、編集者・デザイナー・イラストレーターのみなさん他、私のゼミの学生、ふとしたことから知り合った何人かの高校生など、関係したすべての人との信頼の上に成り立った共同作業の中から生まれたということです。

あえてお名前をあげることはしませんが、すべてのみなさんに感謝したいと思います。

著者

著者
田村次朗（たむら・じろう）
慶應義塾大学法学部卒、ハーバード・ロースクール修士課程修了、慶應義塾大学大学院法学研究科博士課程。ブルッキングス研究所、アメリカ上院議員事務所客員研究員、ジョージタウン大学ロースクール兼任教授を経て、現在、慶應義塾大学法学部教授、弁護士。ハーバード大学国際交渉学プログラム・インターナショナル・アカデミック・アドバイザー。ホワイト&ケース法律事務所特別顧問。主な著書に『交渉の戦略』（ダイヤモンド社）、『ビジュアル解説 交渉学入門』（共著、日本経済新聞出版社）、『ハーバード×慶應流 交渉学入門』（中央公論新社）などがある。

構成
堀岡治男（ほりおか・はるお）
早稲田大学政治経済学部卒、早稲田大学大学院経済学研究科修了。『経済セミナー』編集長などを経て、現在、有限会社大学出版センター代表取締役。特定非営利活動法人経済知力フォーラム専務理事。主な著訳書に、『投資家は今夜も甘い夢を見る』（共著、集英社インターナショナル）、『入門経済思想史 世俗の思想家たち』（共訳、筑摩書房）などがある。

16歳からの交渉力

2015年9月30日　初版第1刷発行

著者
田村次朗

発行者
池澤徹也

発行所
株式会社 実務教育出版
〒163-8671 東京都新宿区新宿 1-1-12
電話 03-3355-1812（編集） 03-3355-1951（販売）
振替 00160-0-78270

印刷
文化カラー印刷

製本
東京美術紙工

ISBN978-4-7889-1156-7 C1030